# 다름보다 아름

관계를 이해하는 **MBTI** 직장 매뉴얼

# 다름보다 아름

최원설 · 오하나 · 주민관 지음

# 차례

# 직장 관계에도
# 사용설명서가 있다면?

얼마 전 주방에서 커피 머신기의 주황색 불이 깜빡거리는 것을 보았다. 일 년이 넘는 시간 동안 사용했지만 주황색 불빛이 보인 것은 처음이었다. 혼자서 이것저것 버튼을 눌러보았지만 해결하지 못하고 결국 서랍에 있는 사용설명서를 꺼내 들었다.

'처음부터 사용설명서를 읽어보았다면 간단했을걸, 혼자 몇 시간을 고생했는데 5분 만에 문제가 해결됐네!'

가전제품을 살 때 같이 넣어주는 사용설명서에는 제품의 생김새와 구조, 기능에 대해 자세하게 적혀 있다. 뿐만 아니라 제품에 대한 취급방법까지 알 수 있으니 이것만 가지고 있으면 오랫동안 고장 없이 사용할 수 있다.

문득 이런 생각이 들었다.

'회사에 입사하거나 다른 회사로 이직할 때, 내가 일할 팀에 대한 사용설명서를 이메일로 보내준다면?'

팀장님에 대한 사용설명서를 읽고 업무보고를 한다면 조금 더 자신감 있는 표정으로 팀장님 자리에 갈 수 있지 않을까? 우리 팀 김 대리에 대한 사용설명서를 읽고 그와 면담을 한다면, 나는 리더로서 김 대리가 잘할 수 있는 업무를 알고 맡길 수 있을 텐데.

회사생활에서 서로에 대한 사용설명서가 있다면 정말 도움이 되겠지만, 이는 실현되기 어려운 이야기이다. 상대방이 어떤 사람인지 정의를 내리는 것은 매우 어려운 일이기 때문이다. 설령 상대방에 대해 정의를 내렸다 하더라도 그의 모습을 온전히 이해할 수 있을까? 서로 이해하지 못하는 상황에 조직 내 직급과 직책의 차이가 한 숟가락 더해지면서 우리의 직장생활은 점점 힘들어진다.

박 팀장은 팀의 에이스인 김 대리와 김 주임에게 상반기 실적 보고 회의 준비를 지시하였다. 김 주임은 회의 소주제와 참석할 사람들의 발언 순서, 자리 배치까지 이미 생각을 끝내 놓았지만, 김 대리는 '아, 일단 만나. 중요한 내용은 만나서 얘기하면 되지'라고 생각한다. 이런 두 사람이 함께 회의를 준비하는 모습을 상상해보자. 김 대리는 꼼꼼하게 작성된 김 주임의 타임테이블을 보고 답답하고 숨이 막힌다며 가슴을 치고 있을 것이며, 김 주임은 아무것도 준비된 것이 없는 김 대리의 방식에 불안해할 것이다. 함께 일하는 사람과의 관계가 힘들고 어렵다는 사실을 우리는 너무나도 잘 알고 있다. 그렇다면 김 대리와 김 주임은 서로 영원히 이해할 수 없는 것일까?

서로의 업무 수행 방식이 엇갈리는 것은 직장생활을 하는 사람이라면 누구나 겪는 아주 자연스러운 현상이다. 회사라는 장소에서 함께 일하고 있지만, 우리는 오랜 기간 각자의 경험과 학습을 통하여 성장해왔다. 다양한 사람들이 모여 함께 일한다는 것은 생각보다 더 어려운 일이다. 하지만 어렵다고 해서 외면하거나 포기하지 말자. 성과를 내는 프로 직장인이 되기 위해 함께 일하는 동료들을 이해하는 것은 선택이 아니라 필수이기 때문이다.

우리 모두는 본능적으로 나와 다른 사람에 대해 알고 싶어 한다. 기업에서는 회사의 인재상과 결이 맞는 사람을 찾기 위해 채용 프로세스에 인적성 검사를 도입하고 있다. 이 책에서 다루는 MBTI 외에도 DISC, 강점검사, 에니어그램, 버크만 등 사람에 대해 알고 이해하기 위한 여러 가지 툴이 존재한다. 그중 MBTI는 전 세계적으로 가장 보편적으로 활용되고 있는 검사이다. MBTI는 타고난 기질의 영향을 받기도 하지만 피검자의 최근 경험이나 상황에 따라 유형 결과가 다르게 나타나기도 한다. 이는 유형별로 선호 경향을 진단하는 MBTI의 특징 때문인데, 이런 이유로 인해 MBTI가 신뢰성이 떨어진다고 주장하는 학자들도 있지만 오히려 피검자의 현재 모습에 집중할 수 있다는 점에서 회사에서 나타나는 현재의 상황과 경험을 이해하는 데 도움이 된다고 본다.

하지만 다음의 문장처럼 MBTI 유형을 통해 사람에 대한 선입견을 갖는 것은 위험할 수도 있다.

'MBTI E유형 분들 많은 지원 바랍니다!'
'ENTJ, INTP 지원 불가입니다.'

MBTI는 결코 답을 내는 평가가 아니다. 서로 다름을 이해하고 업무방식의 차이에서 나타나는 소통의 문제를 줄여가는 과정으로 활용해야 한다. MBTI는 16가지로 성격 유형을 구분한다. 하지만 수많은 사람을 이 16개의 틀에 맞춰 나누고 규정하는 것을 아직 어려워한다.

그래서 이 책에서는 MBTI 특정 유형에 대한 정의와 판단의 접근이 아닌 외향-내향, 감각-직관, 사고-감정, 판단-인식 등 기능별로 MBTI가 회사에서 어떻게 작용할 수 있는지에 대해 이해할 수 있도록 접근하였다. 또한 MBTI를 4가지 유형(SJ, SP, NT, NF)으로 분류하여, 직장 내 리더십과 팔로워십을 설명하였다. 한 장 한 장 읽어 내려가면 그동안 이해하기 어려웠던 동료를 이해하고 더 나아가 나의 모습을 이해하는 데 도움이 될 수 있을 것이다.

일하는 방식이 다를 수 있지만 우리는 같은 목표를 가지고 함께 일하는 동료들이다. 나와 비슷한 유형의 동료라면 내 생각과 의견에 힘을 더할 수 있어 좋고, 나와 다른 유형의 동료라면 문제를 다른 관점으로 인식하고 해결하는 시야를 가질 수 있으니, 그야말로 '달라서 기쁘고, 같아서 좋다.'

이 책을 통해 MBTI를 '나를 알고 타인을 이해하는 도구'로 활용하자. 동료에 대한 사용설명서를 넘어 우리가 함께 일할 수 있는 방식을 제시하는 회사의 관계 설명서로 유용하게 쓰일 것이다.

1부

# 서로의 다름을
# 이해하는
# 막강한 툴 MBTI

# 1

# 성격을 읽는 도구

단순한 유행을 넘어 서로를 이해하는 데 필수 요소가 된 MBTI!

MBTI~Myers-Briggs Type Indicator~는 캐서린 쿡 브릭스~Katharine C. Briggs~와 그녀의 딸 이사벨 브릭스 마이어스~Isabel Briggs Myers~가 만든 성격 유형 검사 도구이다. 피검사자가 본인 성격과 관련된 설문에 응답하면서 내가 문제를 인식하고 판단을 내릴 때 선호하는 경향을 찾아내고, 이러한 선호 경향들이 행동에 어떠한 영향을 미치는지를 스스로 파악할 수 있는 진단 도구이다. MBTI는 사람들이 서로의 다양성을 이해하는 데 도움을 주고 싶은 마음에 모녀가 개발하였고, 칼 융의 '심리 유형론'을 근거로 하여 만들어졌다.

MBTI는 사람의 성격을 16가지의 유형 중 하나로 제시하고 있는데, 이 유형에 다양한 사람들의 모습이 담겨져 있다. 외향과 내

# MBTI 선호 경향

| 외향(E) | 에너지 방향 | 내향(I) |
|---|---|---|
| | 에너지를 어떻게 쓰고 있는가 | |
| 외부세계: '타인을 통해' | | 내부세계: '나 자신으로부터' |

| 감각(S) | 정보 수집 | 직관(N) |
|---|---|---|
| | 정보를 어떻게 인식하는가 | |
| 오감을 통한 인식: '나무를 본다' | | 의미와 관계: 가능성 '숲을 본다' |

| 사고(T) | 의사결정 | 감정(F) |
|---|---|---|
| | 어떻게 결정하는가 | |
| 논리적 근거 | | 정서적 관계 |

| 판단(J) | 생활양식 | 인식(P) |
|---|---|---|
| | 어떤 삶을 지향하는가 | |
| 빠른 판단과 결정 | | 변화와 개방성 |

향, 감각과 직관, 사고와 감정, 판단과 인식의 4가지 척도로 성격을 표시하는데, 각각의 기준은 2가지 극이 되는 성격으로 이루어져 있다. 척도마다 2가지의 경우가 발생할 수 있어 총 16가지의 유형이 만들어지며, 예를 들어 각 경우를 나타내는 알파벳의 한 글자씩을 따서 네 글자로 'ESTJ'와 같이 표시한다.

## 에너지 방향: 외향형(E) vs 내향형(I)

가장 먼저 '에너지의 방향'은 외향형과 내향형으로 구분한다. 간단하게 설명하자면, 외향형(E)은 활달하고 적극적인 성격, 내향형(I)은 신중하고 차분한 성격이라고 할 수 있다. 외향형(E)과 내향형(I)의 구분은 에너지가 표출되는 형태이기에 MBTI의 4가지 척도 중 상대적으로 파악하기 용이한 영역이다.

외향형(E)은 처음 보는 사람들과 금방 친해지는 사교적인 특징이 있다. 의사소통의 속도가 빠르고 속마음을 솔직히 표현한다. 조용한 환경보다는 여러 사람과 어울리는 것을 좋아하는데, 새로운 것을 추구하는 성향이 있기 때문에 지속적인 자극으로 호기심을 충속시켜줘야 한다. 이에 비해 내향형(I)은 감정을 잘 드러내지 않는다. 사람과의 교류에 신중하며 깊이 있는 소통을 선호한다. 소규모의 모임이나 정적인 활동을 선호하는 편으로 시끄러운 환경에 예민하며 쉽게 기분이 들뜨지 않고 조용하게 혼자만의 시간을 통해 에너지를 채운다.

## 회사에서 회의할 때 외향형(E)과 내향형(I)의 차이

| 외향형(E) | 내향형(I) |
|---|---|
|  |  |

| | |
|---|---|
| - 토론을 통한 아이디어 도출을 선호한다. | - 심사숙고를 통한 아이디어 도출을 선호한다. |
| - 함께 회의하거나 작업하는 것을 선호한다. | - 회의보다는 독립적이고 개별적 업무를 선호한다. |
| - 구성원들의 업무 방식과 결과에 관심이 많다. | - 업무의 배경에 관심이 많다. |
| - 대면을 통한 업무 소통을 선호한다. | - 비대면을 통한 업무 소통을 선호한다 |
| - 회의 중 소통을 통해 결론을 도출한다. | - 회의 중 결론을 내린 후 말을 꺼낸다. |
| - 외부의 자극을 긍정적 요인으로 생각한다. | - 외부의 자극을 방해요인으로 생각한다. |
| - 다양한 주제를 동시에 토론한다. | - 특정 주제에 심도 있게 집중한다. |
| - 궁금한 점이 있다면 즉각적으로 질문한다. | - 질문하거나 아이디어를 낼 때 심사숙고한다. |

## 에너지 방향: 외향형(E) vs 내향형(I) 자가진단
(해당하는 것을 ○로 표시)

| | | |
|---|---|---|
| 1 | 나는 메일이나 메신저(SNS)보다 직접 만나서 대화하거나 통화하는 것을 더 선호한다. | |
| 2 | 나는 생각과 의견을 정리한 후 대화하는 것을 선호한다. | |
| 3 | 나는 사람들을 만나서 대화할 때 에너지가 생긴다. | |
| 4 | 나는 갑작스러운 질문이나 의견을 요구받으면 당황스럽다. | |
| 5 | 나는 업무 외에도 다양한 사람들과 폭넓은 관계를 형성한다. | |
| 6 | 나는 고민이 있을 때 다른 사람과 이야기하기보다 혼자 생각을 정리할 시간이 필요하다. | |
| 7 | 나는 회의나 대화할 때 이야기를 주도하는 편이다. | |
| 8 | 나는 말보다 문서를 통해 생각을 전달하는 것을 선호한다. | |
| 9 | 나는 혼자 고민하는 것보다 이야기를 나누며 아이디어가 떠오르는 편이다. | |
| 10 | 나는 혼자 독립된 장소에서 일하는 것을 좋아한다. | |

[진단 결과 활용 방법]
1, 3, 5, 7, 9번 **외향** | 2, 4, 6, 8, 10번 **내향**
- 각 유형의 개수를 통해 본인의 성향 파악
- 외향의 개수가 더 많으면 외향의 성격이 더 강함(예: 외향 4개, 내향 1개)
- 두 유형의 개수가 동일하거나 비슷하면, 두 개의 성향 모두 존재

## 정보 수집: 감각형(S) vs 직관형(N)

세계관, 즉 세상을 바라보는 관점과 가치관에 대한 구분인 감각형(S)과 직관형(N)은 정보수집에 대한 차이를 나타낸다. 예를 들어 똑같은 사과를 보더라도 감각형(S)은 '빨갛다, 맛있겠다, 신선해 보인다'와 같이 눈에 보이는 실체적인 것들에 관심을 가진다. 철학이나 사상 등 관념적인 것에는 큰 관심이 없는 현실주의자적 특징이 있기 때문에 창의력이나 상상력을 필요로 하는 일에 어려움을 느끼는 편이다. 반면 실무적인 것을 잘 처리해서 야무지다는 말을 들을 때가 많고, 사무업무에 잘 적응하는 편이다. 새로운 것에 도전하기보다는 평범한 삶을 지향하는 경향이 있다.

직관형(N)은 감성이 풍부하다. 많은 것에 의미를 부여하며, 공상에 빠지기 좋아하고 다양한 아이디어를 가지고 있다. 감각형(S)에게 빨갛다, 신선해 보인다고 했던 '사과'는 직관형(N)에게는 '백설공주, 뉴턴, 아이폰'과 같이 더 확장된 생각으로 이어진다. 이런 모습으로 인해 때로는 엉뚱하다는 소리를 듣기도 한다. 새롭고 다양한 것을 좋아하며, 마니아적인 성향도 있다. 실무적인 일에 다소 집중하지 못하거나, 반복적인 업무에 금방 싫증을 내기도 한다.

# 감각형(S)과 직관형(N)의 업무 스타일 차이

| 감각형(S) | 직관형(N) |
|---|---|

| 감각형(S) | 직관형(N) |
|---|---|
| - 과거의 경험과 기준을 잘 활용한다.<br>- 기존 방법, 검증된 사례들을 선호한다.<br>- 실질적인 방향성을 지향한다.<br>- 주어진 안건에 집중하여 업무를 추진한다.<br>- 업무 간 세부적인 디테일까지 살핀다.<br>- 관찰력이 뛰어나며 꼼꼼하다. | - 새롭고 복잡한 문제해결을 선호한다.<br>- 새로운 방식을 도입하고 변화를 선호한다.<br>- 혁신적인 방향성을 지향한다.<br>- 주어진 안건 외에도 창의적으로 제안한다.<br>- 큰 맥락을 중심으로 방향성을 제시한다.<br>- 방향성과 변화를 예측한다. |

## 정보 수집: 감각형(S) vs 직관형(N) 자가진단
(해당하는 것을 ○로 표시)

| | | |
|---|---|---|
| 1 | 나는 현재에 집중하고, 구체적 업무를 선호한다. | |
| 2 | 나는 미래 가능성을 중요하게 생각하고 의견과 아이디어를 제안한다. | |
| 3 | 나는 업무를 단계적으로 진행하고, 각 인과관계가 중요하게 생각한다. | |
| 4 | 나는 장기적인 계획과 비전을 제시한다. | |
| 5 | 나는 이상보다 당면한 현실적인 문제를 해결하는 것을 중심으로 업무를 수행한다. | |
| 6 | 나는 종종 회의 중 필요하다면 주제를 확장하기도 한다. | |
| 7 | 나는 회의 중 주제를 벗어난 안건이 나오면 빨리 끊고, 본 주제로 돌아가고 싶다. | |
| 8 | 나는 상상력을 자극하는 독특한 업무를 선호한다. | |
| 9 | 나는 보고서에 구체적이고 세부적인 사례와 예시를 첨부한다. | |
| 10 | 나는 이미 일어난 일의 결과 보고보다 새로운 일을 기획하는 것을 더 선호한다. | |

[진단 결과 활용 방법]
1, 3, 5, 7, 9번 **감각** | 2, 4, 6, 8, 10번 **직관**
- 각 유형의 개수를 통해 본인의 성향 파악
- 감각의 개수가 더 많으면 감각의 성격이 더 강함(예: 감각 4개, 직관 1개)
- 두 유형의 개수가 동일하거나 비슷하면, 두 개의 성향 모두 존재

## 의사 결정: 사고형(T) vs 감정형(F)

　사고형(T)과 감정형(F)은 판단하는 기준이 다르기 때문에 같은 상황에서도 다른 의사결정을 하는 경우가 많다. 사고형(T)은 모든 부분에서 논리와 원칙을 중요하게 생각한다. 이성적 사고를 하며 원인과 결과를 고려하기 때문에 근거 없이 쉽게 믿지 않으며 증거와 증명이 필요하다. 기준이 명확하기 때문에 호불호가 강하게 드러나고, 자신이 원하는 것에 대해 적극적으로 성취하고자 노력한다. 다른 사람에게 쉽게 흔들리지 않는 사고형(T)은 자신의 판단 기준에 따라 상대방에게 해결책을 제시하거나 진심 어린 조언을 제시하는 경우가 많다. 반대로 감정형(F)은 이런 상황을 불편해하거나 상처받는 경우도 발생할 수 있다. 하지만 사고형(T)은 이런 마음경쟁 또한 불가피하다고 느끼고 이를 받아 쉽게 받아들인다. 분석적인 태도로 정확한 인과관계를 알고 싶어 한다.

　양보를 잘하며 공감 능력이 뛰어난 감정형(F)은 역지사지 관점에서 상대를 이해하고자 노력한다. 공감 능력이 높아 주변 사람들에게 '따뜻하다'라는 말을 자주 듣는다. 내가 칭찬받고 싶고, 상처는 받고 싶지 않은 것처럼 상대방도 그럴 것이라고 생각하기 때문에 상대의 입장을 먼저 고려한다. 하지만 이것은 상대를 이해하고 갈등은 줄이고 싶은 감정형(F)의 포용성 때문이지, 그들이 결코 마음이 여려서라고 생각해서는 안 된다. 감정형(F)은 자신이 원하는 방향에 대해 스스로 잘 파악하고 있기 때문에 오히려 중요한 순간에는 감정적인 것을 배제하고 단호한 결정을 내리는 모습을 보일 때도 있다.

### 리더에게 업무 보고 시 사고형(T)과 감정형(F)의 차이

| 사고형(T) | 감정형(F) |
| --- | --- |
|  |  |
| - 목적과 목표가 분명하다.<br>- 상황보다 원칙을 중요하게 생각한다.<br>- 의사결정 하기 전 장단점을 분석한다.<br>- 능력과 전문성을 중요하게 생각한다.<br>- 경쟁을 피하지 않으며 승부욕이 강하다.<br>- 사실을 기반한 객관적 정보에 집중한다. | - 동의를 통해 요점을 확인한다.<br>- 원칙보다 상황을 중요하게 생각한다.<br>- 의사결정 전 조직 구성원들과 공감을 더 이끌어낸다.<br>- 각 조직 구성원의 강점과 특징을 살핀다.<br>- 갈등을 피하며 협업을 잘한다.<br>- 구체적 사례, 경험, 상황을 살핀다. |

## 의사결정: 사고형(T) vs 감정형(F) 자가진단
### (해당하는 것을 ○로 표시)

| | | |
|---|---|---|
| 1 | 나는 평소 동료나 부하들에게 칭찬보다 개선할 점을 자주 언급한다. | |
| 2 | 나는 회의 시작 시 바로 본론으로 들어가기보다 개인적인 대화로 시작하는 것을 선호한다. | |
| 3 | 나는 주변 상황보다 객관적인 정보를 더 중요하게 생각한다. | |
| 4 | 나는 업무적인 대화 시 상대방의 표정이나 감정을 먼저 살펴본다. | |
| 5 | 나는 공감보다 합리적인 해결책을 제시한다. | |
| 6 | 나는 프로젝트 문제 해결 시 구성원들과 관계를 우선적으로 고려한다. | |
| 7 | 나는 상황을 빠르게 분석하고 원인을 찾고자 한다. | |
| 8 | 나는 일에 대해 철저하다는 말보다 따뜻한 사람이란 말을 듣는 것이 더 좋다. | |
| 9 | 나는 업무에 어려움이 있을 때 따뜻한 응원과 격려보다 냉철하고 정확한 피드백을 원한다. | |
| 10 | 나는 교정적 피드백을 할 때 상대방이 상처받을 것 같아 돌려서 말하는 편이다. | |

[진단 결과 활용 방법]

1, 3, 5, 7, 9번 **사고** | 2, 4, 6, 8, 10번 **감정**

- 각 유형의 개수를 통해 본인의 성향 파악
- 사고의 개수가 더 많으면 사고의 성격이 더 강함(예: 사고 4개, 감정 1개)
- 두 유형의 개수가 동일하거나 비슷하면, 두 개의 성향 모두 존재

## 생활 양식: 판단형(J) vs 인식형(P)

판단형(J)과 인식형(P)으로 구분되는 생활양식은 삶을 사는 방식의 차이다. 질서와 규칙을 선호하는 판단형(J)의 성향은 사물뿐아니라 관념적인 것에까지 영향을 미친다. 자신의 생각을 일목요연하게 정리하는 것을 좋아하고 일정이 잘 지켜지기를 원한다. 계획을 세우고 또 이를 잘 지키는 편이고, 미리미리 일을 해놓고 싶어 한다. 갑자기 일정이 바뀌거나 결정이 번복되는 것은 판단형(J)에게 불편한 일이다.

'일단 결정부터 하자'라는 판단형(J)과 반대로 인식형(P)은 '일단 상황을 보자'라고 정의할 수 있는 사람들이다. 그들이 가진 개방성을 바탕으로 새로운 정보를 수집하고 상황에 따라 유연하게 대처하는 것을 더 중요하게 생각한다. 순발력이 뛰어나 돌발상황 및 위기에 대한 대처를 잘하는 편이지만, 유연한 태도로 업무에 임하기 때문에 통제가 심한 환경을 답답하게 여긴다.

## 프로젝트 스케줄을 구성할 때 판단형(J)과 인식형(P)의 차이

| 판단형(J) | 인식형(P) |
|---|---|
|  |  |
| - 구체적 타임테이블,<br>  명확한 목표를 세운다.<br>- 조직적이고 체계적인 소통을 중시한다.<br>- 의사결정이 빠르고 명확하게<br>  결론을 내린다.<br>- 규칙적으로 정리된 보고양식을 선호한다.<br>- 계획적이고 정기적인 회의를 선호한다. | - 큰 틀 안에서 탄력적으로 운영 가능한<br>  계획을 세우고 개방적 목표를 선호한다.<br>- 상황에 따라 유연하고 빠른 소통을 한다.<br>- 의사결정에 다양한 의견을 함께<br>  제시한다.<br>- 많은 아이디어와 의견이 담긴 보고를<br>  선호한다.<br>- 자유롭고 편안하게 진행되는 회의를<br>  선호한다. |

## 생활 양식: 판단형(J) vs 인식형(P) 자가진단
### (해당하는 것을 ○로 표시)

| | | |
|---|---|---|
| 1 | 나는 방향성을 정한 뒤 업무를 시작하는 것을 선호한다. | |
| 2 | 나는 변화에 적응을 잘하고 상황에 유연하게 대처한다. | |
| 3 | 나는 업무 공간의 정리가 깔끔해야 마음이 편하다. | |
| 4 | 나는 미리 의사결정을 하지 않고 상황을 지켜본 뒤 최종 의사결정을 한다. | |
| 5 | 나는 일간, 주간, 월간 등 업무 계획에 맞춰 일하는 것을 선호한다. | |
| 6 | 나는 정해진 규칙이나 양식보다 자유로운 보고 방식을 선호한다. | |
| 7 | 나는 체계적이고 규칙이 있을 때 업무 효율이 더 높다. | |
| 8 | 나는 마감일에 맞춰 업무를 정리하는 것을 선호한다. | |
| 9 | 나는 사전에 계획된 업무나 스케줄이 변경되면 불편하다. | |
| 10 | 나는 목표나 계획은 상황에 따라 유연하게 바뀔 수 있다고 생각한다. | |

[진단 결과 활용 방법]

1, 3, 5, 7, 9번 **판단** | 2, 4, 6, 8, 10번 **인식**

- 각 유형의 개수를 통해 본인의 성향 파악
- 판단의 개수가 더 많으면 판단의 성격이 더 강함(예: 판단 4개, 인식 1개)
- 두 유형의 개수가 동일하거나 비슷하면, 두 개의 성향 모두 존재

# 2

# 새로운 세대는
# MBTI를 원하고 있다

"아빠는 J야, P야?"

"MBTI 말이지? 아빠는 J지, 왜?"

"아, 그래서 아빠는 가족 여행 갈 때 계획을 그렇게 자세하게 짜서 가는구나."

"그래? 이런 건 어디서 배웠어?"

"학교에서도 배웠고, 친구들 하고도 유튜브 보고 같이 많이 이야기해."

최근 이런 대화는 일상적이다. 직장생활을 하는 사람뿐만 아니라 중고등학생까지 많은 사람들이 자신의 MBTI를 알고 서로의 유형에 대해 이야기한다. MBTI 이전에도 서로의 혈액형을 통해 상대방의 성격을 판단하거나, 간단한 심리검사로 상대방의 행동을 사전 예측하는 경우는 흔히 있었다. 하지만 MBTI처럼 많은 사람에게 관심을 받고 자주 언급되는 심리검사 도구는 아직 없었던 것 같다. 그렇다면 왜 이렇게 많은 사람, 특히 젊은 세대가 MBTI에 관심을 갖고 이와 관련된 콘텐츠를 즐기는 것일까? MBTI의 유행에 대한 이유를 새로운 세대인 Z세대의 특징에서 찾아볼 수 있다. Z세대는 1995년 이후에 출생한 세대를 말하며 다른 세대(X세대, Y세대)에 비해 MBTI에 더 열광하며, 더 많이 사용하고 있다. 마이싸이더, 소피커, 가취관 등 Z세대를 대표하는 단어들을 통해 그들이 왜 MBTI에 열광하는지를 알아보자.

### 마이싸이더

'My(나의)+Side(기준)+er(사람)'의 의미로 "내 안의 기준을 세우고 따르다"라는 뜻이다. 즉 유행이나 남의 말에 좌우되지 않고 나만의 기준을 따라 확고한 삶을 사는 사람들을 칭하는 신조어이다. Z세대는 내가 가진 기준에 따라 상대방을 판단하고 이해하려고 한다. 상대방을 판단하고 이해하는 것을 좋아하는 마이싸이더들에게 MBTI는 상대방을 이해하기 좋고, 활용하기 쉬운 도구이다. 마이싸이더들은 MBTI를 통해 상대방의 성향, 행동을 파악하고 예측하며, 상대방에 대한 나만의 기준을 만들어간다.

## 소피커

'小(작을 소)'와 'speaker'를 결합한 말로 '아무리 사소한 것이라도 불편한 것에 소신을 나타내는 사람'을 지칭하는 단어이다. 과거에는 타인과 다른 생각을 드러내는 것을 조심스럽고 불편한 일이라고 생각했다. 기존 세대라면 조직이나 다수의 편의를 위해 덮고 갈 문제임에도 소피커는 자신만의 생각과 주관을 적극적으로 표현한다. MBTI는 16가지 명확한 성격 유형 분류를 제공하기 때문에 소피커들이 서로에 대해 이해하고, 소신 있게 상대방의 행동이나 성격 등에 대해 이야기할 수 있는 좋은 소재를 제공한다.

## 가취관

'가벼운 취향 위주의 관계'의 줄임말로, 취향에 따라 의무감 없이 가벼운 만남을 갖는 것을 선호하는 Z세대의 인간관계를 설명하는 신조어이다. 이는 자기가 좋아하는 것을 보장받을 수 있는 느슨한 모임을 추구하는 것인데, 부담 없이 만나고 쉽게 헤어지는 관계를 선호하는 Z세대의 특성이 반영된 것이다. 맞지 않는 사람과 만나서 의견을 조율하거나 맞추는 것이 불편하다고 느끼는 Z세대들은 취향이 맞는 사람과 가볍게 만나고 의견을 나누는 관계를 원한다. 농호회 등의 형식적인 인간관계보다는 가취관을 추구하는 사람들과의 만남을 통해, 적당하고 가벼운 모임을 하며 고립을 피하는 것이다. 이러한 관계의 선호도 때문에 Z세대는 상대방의 MBTI 유형을 미리 알고, 본인이 불편하거나, 관계를 맺고 싶지 않은 사람을 미리 파악하려는 성향이 강하다. 인간관계에서 서로의 MBTI를 사전에 물어보고 상대방 유형이 나에게 불편하다고 생각되면, 관계를 느슨하게 유도하거나 관계를 끝낼 수도 있다. 이처럼 가취관에 활용하기 좋은 MBTI는 Z세대 사이에서 빠르게 확산되고 있다.

앞에서 살펴본 것처럼 Z세대가 선호하는 MBTI는 이제 가족, 학교를 넘어 직장에서도 중요한 심리검사 도구가 될 것이다. Z세대는 빠른 속도로 직장에 편입되고 있다. 이렇게 새로운 세대가 조직에 들어오면서 조직 내에서의 MBTI에 대한 관심이 커지고 있다. 기존 세대가 상사와 함께 식사하고, 술을 마시고, 평소에 많은 이야기를 하며 그들을 이해하려고 노력한 것처럼 새로운 세대는 리더의 MBTI를 파악하는 방법이 익숙할 것이다. 반대로 리더도 MBTI를 활용한다면 팔로워들의 성향을 쉽게 파악하고, 그들을 더 깊게 이해하는 데 도움을 받을 수 있을 것이다. 또한 조직 내 다른 구성원들과 소통할 때도 서로의 MBTI 유형을 기반으로 더 원활한 소통이 가능하다.

'나는 엔지니어 조직에 새로 들어온 신입사원이다. 분위기를 보니 모두가 감정도 없고, 건조해 보이는데, 나는 이 직장의 다른 사람들과 잘 어울리지 못하는 사람인 것 같다.'

신입사원은 MBTI 유형 중 감정형(F)의 성향이고, 같이 일하는 조직원들은 대부분 사고형(T)이라면? 서로 어울리지 못한다는 느낌을 받는 것은 내가 잘못해서라기보다는 서로 다른 성향의 차이에서 비롯된 것임을 깨닫게 될 것이다. 서로 다른 MBTI 유형을 가졌다는 것은 옳고 그름의 문제가 아닌, 다름의 문제이다. 이것을 이해하고 맞춰나가는 것은 직장생활에서 매우 중요하다.

'우리 부서의 이 대리는 일을 체계적으로 하지 않아 정말 화가 난다. 팀장인 내가 만날 때마다 꾸중하는데 도무지 나아지는 것 같지 않다. 대체 언제까지 이렇게 해야 하는 것일까?'

팀장 입장에서는 이 대리가 너무 부족하고, 조직에 어울리지 않는 사람이라고 생각할 수 있다. 하지만 이 대리가 판단형(J)보다는 인식형(P)에 강한 스타일이라는 것을 깨닫고, 이를 바탕으로 업무지시와 피드백의 방식을 바꾼다면 함께 높은 성과를 만들어 낼 수 있을 것이다.

이렇게 MBTI를 조직생활의 리더십, 팔로워십, 커뮤니케이션 등에 활용한다면 조직에서 생기는 다양한 문제와 갈등을 해결하는 데 상당한 도움이 될 것이다. 이 책에서는 직장 내에서 일어나는 여러 상황에서 MBTI를 활용하고 슬기롭게 대처해나가는 방법에 대해 다루고자 한다. 특히 조직에 새롭게 편입되고 있는 Z세대에게 MBTI는 익숙한 콘텐츠이기 때문에 이들이 MBTI를 활용하여 Z세대 본인을 이해하는 것은 물론이고, 함께 일하는 다른 구성원들을 쉽게 이해할 수 있어 직장 내 실용적인 지침이 될 것으로 기대할 수 있다.

# 3

# 우리가 함께
# 일하는 방법

"어떻게 해야 일 잘한다고 소문이 날까?"

시험에서 좋은 성적을 얻으려면 '출제자의 의도'를 파악하는 것이 중요하다. 회사생활에서도 마찬가지이다. 상사와 동료의 마음을 파악하면 문제 해결의 속도가 빨라지고 만족스러운 해결책을 찾아낼 수 있다. 조직문화에서 리더의 성향과 리더십이 중요한 역할을 한다는 것은 누구나 알고 있는 사실이다. 하지만 조직의 성과와 분위기를 좌우하는 또 다른 키워드는 바로 팔로워십이다. 최근 많은 기업에서 신입사원부터 주니어에게 필요한 리더십으로 팔로워십을 주목하고 있다.

적극적으로 팀워크를 주도하며 성과를 이끌어내는 팔로워가 있으면 리더는 추진력을 얻을 수 있다. 로버트 켈리Robert E. Kelly 교수는 조직의 성공에 리더가 기여하는 것은 20% 정도이며, 나머지 80%는 팔로워들의 기여라고 평가했다. 그렇다면 팔로워십이란 무엇일까? 단순하게 리더를 따라가는 것이라기보다는 리더가 올바른 방향으로 의사결정을 할 수 있도록 지원하고 뒷받침하는 것이 좋은 팔로워십이라고 할 수 있다.

처음 회사에 입사하면 함께 일하는 사람들 대부분이 상급자이다. 요즘 기업에서 신입사원을 대규모로 채용하는 일이 드문 상황이 되었기 때문에, 꽤 긴 시간 동안 막내 생활을 하는 경우도 많다. 팔로워십에서 가장 중요한 것은 상급자와 적극적으로 소통하며 조직의 성과에 기여할 수 있는 방법을 찾는 것이다. 이를 위해 내가 어떤 유형의 사람인지, 어떤 팔로워십을 가지고 있는지 올바르게 이해하는 것이 중요하다.

좋은 팔로워는 장차 좋은 리더가 될 수 있다. 팔로워십을 발휘했던 경험은 리더가 되었을 때 훌륭한 리더십으로 발현되기 때문이다. 리더가 되기를 꿈꾸고 있다면 팔로워십을 먼저 갖춰야 하는 것이다.

훌륭한 팔로워가 되려면 첫 번째로 '나'에 대해 파악해야 한다. 나는 어떤 성향과 성격적 특징을 가지고 있는가? 평소 사람들과 어떻게 커뮤니케이션하며 어떤 상황에서 스트레스를 많이 받는가? 두서없이 던진 질문이지만 금방 대답하는 사람도 있고, 어떤 사람은 한참을 생각해도 대답하지 못할 것이다. 나에 대해 파악하는 것은 업무적으로도 성과를 내는 데에도 중요하지만, 힘들고 지치는 회사생활에서 나를 지킬 수 있는 방법이기도 하다. 또한 나에 대한 파악이 잘되어 있는 각자가 만나 부족한 부분을 채워주며 시너지를 낼 수도 있다.

두 번째로 훌륭한 팔로워가 되려면, 리더에 대해 파악해야 한다. 여러분의 리더는 어떤 성향인가? 꼭 MBTI 진단을 해보지 않아도 평소 그의 말투나 표정, 제스처, 커뮤니케이션 방식 등을 통해 어느 정도 파악할 수 있다.

최 부장은 큰 그림과 비전을 제시하고 세부적인 것은 실무자에게 맡기는 타입(P)이고, 박 부장은 장표의 숫자 하나하나까지 직접 체크하는 타입(J)이다. 이 두 사람에게 각각 어떤 방식으로 보고하는 것이 좋을까?

리더의 업무 스타일은 팔로워에게 정말 중요하다. 리더의 성향과 성격적 특징을 미리 파악한다면 보고서를 내밀었을 때 "다시!"라는 상사의 불호령을 적어도 한 번은 덜 들을 수 있을 것이다.

회사생활을 하면서 리더의 괜한 핀잔과 타박에 마음의 상처가 생기는 일도 부지기수다. 눈물을 참으며 책상 앞으로 돌아와 '도대체 왜 저래?'라고 생각하며 혼자서 씩씩거려 본 적이 있는가? MBTI를 활용하면 리더의 성향과 커뮤니케이션 방식에 대한 답을 찾을 수 있을 것이다. 리더의 성향을 이해하고 그 방식에 무조건 맞추라는 것이 아니다. "아, ○○ 유형들은 이런 상황에서 이렇게 표현하는구나"라는 것을 학습하고 나면 리더의 피드백을 감정적으로 받아들이는 횟수가 점차 줄어들고, 결과적으로 나의 감정을 지키며 객관적인 시선으로 업무를 수행하는 역량을 기를 수 있다.

좋은 팔로워가 되기 위한 방법 세 번째는 맨 처음 파악한 '나'의 성향과 성격적 특징, 강점 등을 업무에 적용해보는 것이다. 옳고 그름이 아닌 각자의 고유한 특징으로 접근해야 한다. 내가 가지고 있는 본질을 깊이 탐구하고, 성향과 성격적 특징에서 비롯된 '강점'에 집중해보자. 판단형(J)은 원칙을 잘 지키고 충동을 억제할 수 있다. 인식형(P)은 갑작스러운 상황에서도 적절한 판단을 내린다. 그럼 이 강점을 업무에 어떻게 적용할 수 있을까? 내가 현재 속한 조직의 위치에서 '나'를 어떻게 활용하여 팔로워십을 발휘하는지는 온전히 나의 몫이다.

나에 대한 이해는 회사생활뿐만 아니라 나의 전반적인 경력개발에도 큰 도움을 준다. '평생직업'이란 말이 사라지고 있다. 초등학생 선망직업에 교사 대신 유튜브 크리에이터가 상위를 차지한 지 벌써 한참 되었고, 라이브커머스 PD, 상품 공간 스토리텔러처럼 이름도 생소한 신생 직업들이 등장했다.

하지만 시대의 흐름, 유행이라고 모두 크리에이터가 될 수는 없다. 나에 대한 분석 없이 뛰어들었다간 망하기 십상이다. 판단형(J)인 이 대리는 책임감 있고 업무를 제시간 안에 처리하는 역량을 가졌지만, 분석력이나 비판적 사고를 요구하는 일에는 서툰 편이다. 만약 부서 변경을 원한다면, 어떤 직무가 잘 맞을까?

이렇게 우리가 직장생활과 개인 경력개발에 MBTI를 활용한다면 나를 이해하는 동시에 강점을 더하고 약점을 보완할 수 있다. '3년 후, 나는 이 회사에서 어떻게 생활하고 있을까?', '5년 후 아직 나는 회사에 다니고 있을까?' 앞으로 어떤 방향으로 경력을 개발해야 할지 고민하고 있다면 MBTI를 통해 나에 대해 깊이 이해하는 시간을 갖는 것이 좋다. 부족한 것에 대해 안타까워하기보다는 내가 가지고 있는 성향과 강점에 대해 파악하자. 그리고 내가 잘할 수 있는 것들에 대해 집중해보자. 당장은 답이 나오지 않더라도 꾸준히 나에 대한 탐구를 이어가다 보면 전혀 생각지 못했던 실이 보일 수도 있다.

# 4

# MBTI
# 그것이 알고 싶다

최근 어떤 채용공고에서 자신의 MBTI 유형과 자기 분석을 입력하거나 특정 MBTI 유형은 지원 불가하다는 게시글이 올라오며 논란이 일었다. 어떻게 보면 MBTI는 한정된 문항의 설문조사인데, 이를 가지고 수많은 사람을 16개의 유형으로 단정 짓는 것에 한계가 있을 수밖에 없다. 특히 MBTI는 사회과학 측정 도구라기보다 심리검사 도구이며, 그렇기 때문에 사회과학 변인으로 활용하기 어렵다. 전문가들, 심리학자들이 지적하는 MBTI의 한계점은 다음과 같다.

첫 번째로, 검증되지 않은 이론을 기초로 만들어졌다는 것이다. 융의 '심리 유형론'은 체계화된 실험과 데이터가 아닌 마이어스와 브릭스 모녀 개인의 사색과 경험을 바탕으로 만들어진 이론이다. 그러므로 융의 심리학 이론을 기본 뼈대로 구축한 MBTI는 과학적인 근거가 부족하다는 약점을 가지고 있다. 그리고 융은 그의 저서에서 순수하게 외향적인 사람이나 순수하게 내향적인 사람은 존재하지 않으며, 극단적 유형보다는 오히려 중간 범위에 가까운 사람들이 더 많을 것이라고 강조하고 있다. 따라서 MBTI의 성격진단 검사에서 정의한 각 성격 유형은 융의 이론에서 설명하고 있는 성격과 다른 점이 있다. 이러한 차이점은 MBTI 테스트가 인간의 모든 성격을 담지 못하고 있음을 암묵적으로 보여준다.

두 번째로, 이분법적인 선택의 한계점이다. MBTI의 창시자인 마이어스는 진단의 간결함과 편리성을 위해 둘 중 하나라는 이분화된 범주에서 안에서 MBTI의 모든 성격을 정의하고 있다. 설령 MBTI의 4가지 범주에 따른 결괏값이 중간에 가까이 있더라도, '둘 중 하나'라는 극단적인 선택 방식 때문에 100% 내향적 혹은 100% 외향적이라는 결과가 나온다. 실제 자신의 성격과 완전히 다른 결과가 나오는 이유는 바로 이러한 MBTI의 이분법적인 접근 방식 때문이다.

세 번째로, 응답자가 솔직하게 응답하지 않을 가능성이다. MBTI는 문항에 대해 응답자가 스스로 판단하여 점수를 매기는 '자기 보고식 검사' 방식이다. 이로 인해 응답 신뢰성의 문제가 발생할 수 있다. 예를 들어, 응답자가 순수한 본인 성격검사의 목적이 아닌, 취업과 연관된 목적으로 MBTI 검사를 한다면 회사가 원하는 성격의 결과가 나오도록 자신의 성격특성을 의도적으로 왜곡하여 응답할 수도 있다. 실제 나의 모습을 고르는 것이 아니라 '나였으면' 하는 답변을 선택함으로써 MBTI의 신뢰성이 떨어질 가능성이 있다.

네 번째로, 검사하는 시점의 상황에 따라 MBTI 결과가 달라질 수 있다는 것이다. 이는 검사에 일관성이 없거나, 그 결과가 부정확하다고 해석될 수 있다. 과거와 현재의 성격이 다를 수 있다. 심지어는 검사를 받을 때의 기분과 상황에 따라 그 결과가 확연히 달라질 수 있다. 한 연구에 따르면, MBTI 검사를 받고 5주 후 재검사를 받은 사람 중에서 결과가 바뀐 사람이 무려 50%나 된다. 즉 MBTI 측정 도구의 신뢰성reliability과 타당성validity이 떨어지므로, 그 결과물도 정확하다고 보기 어려운 면이 있다.

다섯 번째, MBTI 검사는 긍정적 칭찬만을 제공한다. MBTI 검사에서 분류된 16가지 성격 모두는 좋은 면만을 보여주며, 틀리지도 맞지도 않는 애매모호한 설명을 덧붙인다. 이런 면은 별자리 운세, 타로카드, 또는 사주팔자와 무척 비슷하다. 개인적인 해석에 따라 그 의미가 달라지는 중의적이고 모호한 표현을 의도적으로 사용하여 MBTI가 개인의 성격을 맞추고 있다고 믿게 만드는 경향이 있다.

이러한 한계성에도 불구하고 사회 전반적으로 MBTI의 인기가 더 높아지고 있다. 아래는 구글 내 MBTI 키워드 검색량을 조회한 것으로 대한민국이 전 세계에서 가장 높은 검색량을 보인 것으로 조회된다(2023년 5월 기준).

왜 대한민국 사람들은, 특히 젊은 (Z)세대는 MBTI에 열광하는 것일까? 국내에는 MBTI를 활용한 마케팅과 재미를 위한 콘텐츠들도 무척 많다. 많은 젊은 사람이 단순히 재미만을 위해서 MBTI를 찾는 것일까? 정말 젊은 세대 원하는 것은 무엇인지 그들의 심리를 통해 MBTI 활용의 가치를 살펴봐야 한다.

첫 번째로, MBTI가 단순한 성격검사 도구가 아닌 소속감을 갖게 해수는 도구로 활용된다. 인간은 사회적 동물이고, 어딘가에 소속되고 싶어 하는 욕망이 크다. 시대의 변화에 따라 과거에는 소속감을 강하게 느낄 수 있었던 혈연, 학연, 지연 등이 약해지면서 소속감에 대한 불안감이 커지고 있다. 새로운 세대는 MBTI라는 도구를 통해 새로운 소속감을 만들고 있다. 소속감을 느끼게 하는 프레임이 과거에도 있었지만, MBTI를 통해 내가 16개의 유형 중 어느 부류에는 속해 있다는 안정감과 존재감을 느끼게 해준다.

두 번째로 MBTI를 통해 자신의 내면을 확인하게 해준다. 앞에서 언급한 MBTI의 검사 결과가 상황에 따라 변한다는 사실이 오히려 현재 나의 내면을 살펴볼 수 있게 한다. 주관적이며 상대적인 MBTI 결과는 MZ세대에게 장점으로 부각된다고 할 수 있다. 자신이 어떤 사람인지 한 문장으로 표현하기란 쉽지 않다. 하지만 MBTI의 성격 유형은 내가 어떤 성격의 사람인지 다른 사람들에게 효과적으로 알려주는 역할을 한다. 나의 MBTI를 서로에게 알려주면서 나를 이해해주고, 나에게 이렇게 대해 달라는 메시지를 전달해줄 수 있다.

세 번째로, MBTI를 통해 심리적인 위로가 가능하다. 다들 바쁘게 살아가는 직장에서 내 마음을 이해해주기를 기대하는 것은 매우 어려운 일이다. 직장에서 서로 MBTI 성격 유형을 대화의 소재로 삼아 이야기하고 공감하며 서로의 어려움을 이해해줄 수 있다. 이러한 정서적 유대감과 동질감은 조직 내에서의 외로움과 관계 단절을 극복할 수 있게 해주고 장기적으로 심리적, 신체적 안정을 찾을 수 있다. MZ세대는 SNS를 통해 자신과 같은 성격의 사람들과 소통하고 유대감을 갖게 되면서 삶의 활력과 재미를 다시 찾게 되었다고 말한다. MBTI가 개인과 개인의 관계를 다시 맺어주는 중요한 연결고리가 된 셈이다.

마지막으로 MBTI는 MZ세대의 놀이 도구로 활용되며 무궁무진한 확장 가능성을 가진다.

일이 안 좋은 방향으로 흘러갈 때 MBTI 밈

| | | |
|---|---|---|
| 패닉 시작 | ISFP ENFP | |
| 그저 웃음 | ENTP ESTP | |
| 해결 방안 찾기 | ISTJ INTP INFJ INTJ | |
| 스스로 비난 | INFP ISFJ ENFJ | |
| 남들에게 진정하라고 함 | ESTJ ENTJ ESFJ ESFP | |
| 완전 차분함 | ISTP | |

MZ세대는 다른 세대와 다르게 자신만의 놀이문화를 창조하는데 탁월한 재능을 갖고 있다. 이들은 MBTI 검사 결과를 단순히 남들에게 공유하는 것에 만족하지 않고, 여기에 나름의 해석을 더해 MBTI를 밈Meme으로 재창조하고 있다. 실제로 'MBTI 유형별

상처받는 말', '유형별 궁합', '유형별 연애 스타일' 등의 다소 1차원적인 밈 형태부터 MBTI의 세계관을 창조하여 만화 캐릭터에 맞는 MBTI 성격을 정의 내리고 MBTI를 이용한 소설을 쓰는 등 복잡한 형태의 새로운 놀이 문화를 개척하고 있다. MBTI가 신빙성이 있느냐에 대한 문제는 중요하지 않다. 이들에게 MBTI는 함께 공유하고 즐길 수 있는 하나의 놀이 도구로 발전하고 있다.

MBTI의 한계에도 불구하고, MBTI에 대한 새로운 세대의 관심은 커지고 있다. MBTI를 활용하여 회사에 대한 소속감을 가지고, 직장내에서의 나의 업무 방식 등을 파악하며, 리더-팔로워 또는 동료 간 공감할 수 있는 기회가 될 것이다. 나아가 직장 내에서도 '유형별 리더에게 상처받는 말', '유형별 좋아하는 말' 등 MBTI를 다양한 밈으로 확장하여 새로운 세대가 회사 생활에서 서로를 이해하고 보다 즐겁게 해나갈 수 있는 윤활유가 될 수 있을 것이다.

**2부**

# 조직에서
# MBTI 유형
# 알아보기

# 1

# 조직 내 구성원 유형
# 4가지

페르소나Persona란 고대 그리스 가면극에서 배우들이 사용하는 가면을 말한다. 이 단어는 라틴어에서 사람Person/인격, 성격personality의 어원이 되며, 심리학 용어로는 '이미지 관리를 위해 쓰는 가면'으로 통용된다. 일하면서 만나는 관계라면 '이미지 관리'는 선택이 아닌 필수이기에 페르소나와 같은 가면을 쓰듯 자신을 진짜 모습을 숨기는 경우가 많다. 가면 속의 진짜 모습을 이해하지 못하기에 서로가 이해하기 어려운 일들이 많아지는 것이다.

'최 팀장님은 나랑 너무 달라, 도대체 무슨 생각일까?'
'김 대리는 뭐가 불만일까? 늘 왜 저렇게 행동하는 거지?'
'요즘 젊은 직원들은 무슨 생각을 하는지 알 수가 없어.'

가면 아래에 있는 서로의 참된 모습을 알아보기는 어려운 일이다. 우리는 어떻게 해야 타인과 자신을 좀 더 정확하게 이해할 수 있을까? MBTI는 심리학 비전문가들도 빠르고 손쉽게 자신의 성격과 행동을 진단해보고 이해하는 데 사용할 수 있는 진단 도구이다. 하지만 이런 강점에도 조직에서 MBTI를 적용하기 쉽지 않은 이유는 16가지나 되는 각각의 유형을 전부 기억하고 활용하기 어렵기 때문이다. 자신의 유형과 특징들은 기억할지 모르지만, 나머지 15가지나 되는 유형을 모두 기억하고 활용하는 것은 쉬운 일이 아니다.

　MBTI의 유형은 다양하게 구분할 수 있다. 각 선호나 기능에 따라 구분하기도 하지만 MBTI의 유형을 가장 선명하게 구분 짓고 한눈에 잘 보기 쉬운 것이 기질론(MBTI를 SP, SJ, NT, NF 4가지로 구분)이다. 기질론은 캘리포니아 주립대학교의 데이비드 커시David Keirsey 박사가 히포크라테스가 다혈, 담즙, 우울, 점액과 같이 기질을 구분하는 것에 착안하여 MBTI의 유형에서 공통적으로 나타나는 특징들을 4가지로 구분하였다. 여기서 기질氣質은 '선천적으로 가지고 태어난 기량과 성질'이란 뜻으로 인간의 내적인 특성을 말한다. 그는 그리스 신화에서 나오는 4가지 신들의 특징을 빗대어 표현하였다. 먼저 의무와 전통을 중요하게 생각하는 '에피메테우스적 기질(SJ)', 자유분방하고 경험을 중시하는 '디오니소

스적 기질(SP)', 완벽함과 합리를 추구하는 '프로메테우스적 기질(NT)', 이상적이며 자아를 찾고자 하는 '아폴로적 기질(NF)'의 총 4가지 유형으로 묶어 MBTI를 정의하였다. 하지만 우리나라 사람에게 생소한 그리스 신으로 분류한 것이어서 해석에 어려움이 있다. 이 책에서는 MBTI의 기질론을 우리나라 조직에서 활용하기 쉽도록 새롭게 정의하고 분류하고자 한다.

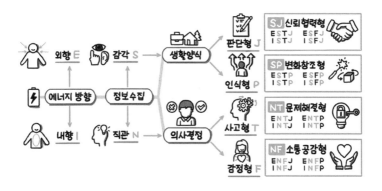

## SJ형: 체계적이고 책임감이 강한 신뢰협력형 (ESTJ, ISTJ, ESFJ, ISFJ)

데이비드 커시는 신뢰협력형을 에피메테우스에 비유하였다. 판도라의 남편 에피메테우스가 판도라의 상자를 열어 세상에 갈등과 어려움이 퍼지게 되었다는 신화는 유명하다. 신화의 내용으로 인해 에피메테우스라는 인물은 의무와 책임을 중요하게 생각하는 현실성, 책임감의 대표 인물을 나타낸다. 신뢰협력형은 인식 기능에서의 감각(S)과 생활양식에서의 판단(J)이 결합된 유형이다. 감각형(현재에 집중, 사실적, 구체적)과 판단형(체계적, 계획적, 분명한 목적의식)이 결합되어 조직 내 강한 책임감과 함께 사회의 체제와 전통성을 중요하게 생각한다. 보호(수호)자적 기질이 있기에 속한 조직에 대한 로열티가 높고, 일이 주어지기 전에 먼저 찾는 모습을 보인다. 신뢰협력형들이 중요하게 생각하는 것은 자신이 속한 조직, 사회에 대한 책임과 의무이다. 맡은 일들은 반드시 해내겠다는 책임감이 강한 유형으로, 다른 기질보다 조직 내의 위계와 권위, 규율을 준수하기를 선호하며, 조직의 '전통'을 충실히 따르는 모습을 보인다.

[주요 키워드]
안전지향, 소속감 중시, 책임감, 성실성, 의무, 위계 질서 존중, 책임완수

## SP형: 효율과 실용을 중요하게 생각하는 변화창조형 (ESTP, ISTP, ISFP, ESFP)

변화창조형은 술의 신 디오니소스에 비유할 수 있다. 디오니소스는 술의 신일뿐 아니라 축제, 풍요, 야성, 다산의 신이다. 술을 마시는 경험과 같이 변화창조형은 직접적인 경험을 중시하고 술에 빠지듯 좋아하는 분야에는 더 깊이 있게 파고들어 전문성을 갖추는 장인적인 기질을 가진다. 이러한 경향은 인식 기능에서의 감각(S)과 생활양식에서의 인식(P)이 결합되어 나타난다. 감각형(현재에 집중, 사실적, 구체적)과 인식형(자율, 개방, 융통)이 결합되어 조직 내에서 특정 상황과 환경에 얽매이지 않고 자연스럽다. 앞서 언급한 신뢰협력형이 업무를 할 때 과거의 전통과 규율을 찾고 양식을 지키는 것을 선호한다면 변화창조형은 과거의 사례를 찾기보다 본인이 중요하게 생각한 것을 하기 위해 먼저 행동하는 성향을 보인다. 변화창조형은 현재에 집중하고 충실하기에 장기적 프로젝트보다 빠르게 운용되는 단기적인 과업을 더 선호한다. 빠르고 적극적인 행동력으로 새로운 변수 발생 시 융통적 대처와 문제해결 능력이 돋보인다.

[주요 키워드]
자유스러움, 자발적, 현재에 집중, 추진력, 실천

# NT형: 도전적이고 전략적인 문제해결형
## (ENTJ, INTJ, ENTP, INTP)

문제해결형은 신들의 세계에서 불을 훔쳐 인간에게 불을 가져다준 프로메테우스에 비유한다. 불이 없어 추위와 배고픔에 시달리는 인간들의 어려움을 인식하고, 이를 해결하기 위해 불을 훔쳐서 전해주는 신화와 같이 문제해결형은 변화와 혁신을 만들고 새로운 것에 도전하며 그것을 현실화하는 데 관심이 많다. 이는 인식 기능에서의 직관(N)과 생활양식에서의 사고(T)가 결합된 유형이다. 직관형(미래, 가능성, 변화, 새로운 도전)과 사고형(객관적, 원리, 원칙, 논리, 분석)이 결합되어 보편적이고 분석적이면서 미래를 중요하게 생각하는 경향이 있다. 객관성과 논리로 사고하며, 직관적으로 생각하고 의사를 결정하는 명확성, 독립성의 특징을 갖는다. 문제해결형에게는 미래를 위해 경쟁력을 갖추는 것이 중요하다. 이를 위해 높은 기준과 엄격한 잣대로 자신과 동료들을 평가하는 경우가 많다. 도전 의식이 강하여 새로운 일을 만들어내서 적극적으로 성과를 창출한다.

[주요 기워드]
미래, 비전, 지식, 논리적, 자신감, 조직 성장, 경쟁, 역량

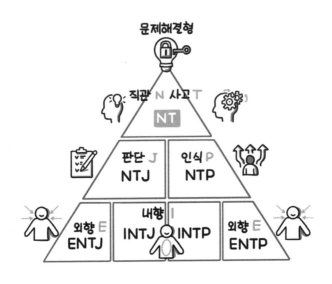

## NF형: 따뜻한 이상주의자 소통공감형
## (ENFJ, INFP, INFJ, ENFP)

소통공감형은 아폴로 신에 비유한다. 아폴로는 빛의 신으로 미래를 예언하고 병자를 치료하며 음악을 사랑하는 신으로 그려진다. 이렇게 소통공감형은 인간에게 중요한 것들을 관장하는 이상적인 신의 모습과 비슷하다. 타인에 대한 공감과 가치를 보는 소통공감형은 인식 기능에서의 직관형(N)과 생활양식에서의 감정형(F)이 결합된 유형이다. 직관형(미래, 가능성, 변화, 새로운 도전)과 감정형(사람, 관계, 상황대응적, 우호적)이 결합되어 직관적으로 인식하면서 인간관계와 상황에 따라 판단하는 경향이 있다. 조직 내 구성원과의 관계를 매우 중요하게 생각하며 기질 중 가장 인간적인 특징이 있다. 소통공감형은 일도 중요하지만 그 일을 하는 사람까지 모두 중요하게 생각한다. 조직 내 위계와 질서 관습에 얽매이기보다 수평적이고 쌍방향적인 관계를 유지하기 위해 노력한다. 자신의 감정은 물론 타인의 감정도 잘 인지하고 배려하기에 조직 내에서 인간관계가 좋은 특징을 보인다.

[주요 키워드]

성장 지원, 자아 실현, 인간관계, 구성원 중시, 상황 고려

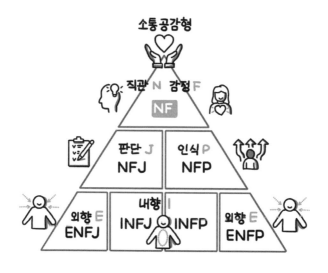

# 2

# 김 부장은 왜 그럴까?
# (MBTI 리더십)

앞에서 살펴본 SJ형(신뢰협력형), SP형(변화창조형), NT형(문제해결형), NF형(소통공감형)이 조직 내에서 리더의 역할을 하면 어떤 모습을 나타낼까?

우리 팀장님은 왜 규정, 절차만 강조할까? → SJ형

우리 상무님은 왜 충동적으로 의사 결정하는 걸까? → SP형

우리 과장님은 왜 저렇게 직원들에게 엄격한 걸까? → NT형

우리 파트장님은 왜 이랬다 저랬다 하실까? → NF형

각 조직에서 리더들이 장점을 보일 때도 있지만, 본인의 기질로 인해 단점이 드러나는 경우도 많다. 이러한 각 유형이 조직 내에

서 리더십으로 발현될 때 보이는 장점과 단점, 평소 모습에 대해 살펴보고자 한다.

## SJ형(관리형 리더): 안정 지향 의사결정자

리더십 발휘에서 중요한 요소: 소속감, 안정감, 책임감

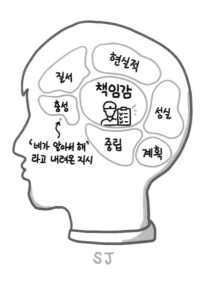

SJ

SJ형 리더는 외부 감각을 사용하여 정보를 습득하고, 본인이 정한 일정한 수준에서 판단하고 결정하는 행동양식을 보인다. 즉 외부의 직접적인 경험을 통한 사실을 내부에 저장하고, 이러한 경

험을 토대로 바로바로 판단하면서 문제를 해결하려는 유형이다. 그래서 SJ형 리더들은 조직 내에서 수호자적 특성을 가지고 있으며 현실적인 의사결정을 하는 전통주의 관점의 특징을 보인다. 이들은 자신이 일하는 집단 및 조직의 구조와 위계질서가 중요하다고 생각하며, 경험과 체득을 통한 책임 완수의 리더십을 가진다. 또한 SJ형 리더는 안정을 지향하며, 소속감을 중요하게 생각한다. 이로 인해 강한 책임감, 근면한 성실함을 지니며, 자기 조직의 시스템과 직장에서 만들어져온 전통적인 리더십 방식을 선호한다. 그리고 리더로서 효율성과 실용성의 가치를 강조하는데, 주로 일의 체계와 질서를 부여하기 위하여 노력하며, 세부 사항까지 꼼꼼하게 관리하고 챙긴다.

하지만 SJ형 리더의 가장 큰 단점은 관료주의적 리더가 되기 쉽다는 점이다. 이들은 질서정연한 환경을 추구하기 때문에 사실적이지 못한 모호함을 싫어한다. 또한 소속감이 약해지면 많은 스트레스를 받는 스타일이다.

대표적인 SJ형 리더는 아마존의 CEO 제프 베조스Jeff Bezos이다. 그는 아마존의 생산성을 극대화해 전 세계적인 온라인 쇼핑몰로 성장시킨 역사적 인물이다. 이제는 그의 뛰어난 리더십으로 블루오리진이란 회사를 통해 민간 우주비행을 실현하려 하고 있다. 제프 베조스는 비즈니스나 리더십 측면에서는 항상 논리적이고 이성적인 면모를 보였지만, 가끔은 좋은 기회를 놓치기도 했던 적이 있었다. 또한 위험 감수보다 위험 관리를 선호한다. SJ형 리더는 제프 베조스의 모습처럼 새로운 아이디어를 시도하기보다는 현재 상태를 더 안전하게 만들고, 천천히 성장하는 데 초점을 두는 리더십을 발휘한다. 그래서 현재 우주 산업 같은 경우 제프 베조스 블루오리진보다는 일론 머스크의 스페이스X가 더 앞서 나가고 있다는 게 중론이다. CEO의 MBTI 기질이 기업의 특성에도 반영되고 있다고 할 수 있다.

조직 내에서 SJ형 리더는 예의 바르고 모범생다운 모습을 보인다. 그리고 책임감이 강하기 때문에 '내가 아니면 누가 하겠어?'의 마인드로 리더십을 발휘한다. 또한 '내가 ~맡겠다'라는 표현을 조직에서 자주 사용하며, 높은 '책임감'을 가지고 일한다. 다른 사람들의 경조사를 잘 챙기며, 출장을 가거나, 여행을 갈 경우 조직 구성원들의 선물을 잘 챙기는 스타일이다.

하지만 조직에서 이들은 만약 팔로워가 각자의 역할에 충실하지 않고, 무책임한 태도를 보일 때 스트레스를 많이 받는다. 주변 상황이 안정되어 있지 않을 경우 주변을 정리하려 한다. 또한 팔로워가 잘 정리하지 않는 모습을 보인다면 극심한 스트레스를 받는다. 남의 일까지 도맡아서 하는 충성스러운 사람이지만 다른 기질들 보다 잔소리가 많은 특징이 있다.

관리형 리더인 SJ형은 다음과 같은 리더로서의 특징을 가진다.

| 호의적인 상황 | 비호의적인 상황 |
|---|---|
| - 정보를 가지고 업무를 추진한다. | - 논리와 근거를 명확히 해야 업무 추진이 |
| - 구체적으로 업무지시를 한다. | 가능하다. |
| - 책임감이 높다. | - 새로운 결정에 시간이 오래 걸린다. |
| - 성과를 잘 낸다. | - 융통성이 부족하다. |
| - 구성원들이 리더에 대한 신뢰감이 높다. | - 비전 제시나 미래 예측이 약하다. |
| - 상식적이고 충동적이지 않다. | |

ESTJ(추진형 리더): 사무적, 실용적, 현실적으로 일을 추진하는 리더
ISTJ(논리형 리더): 업무에 성실하고 데이터에 정확한 리더
ESFJ(사교형 리더): 사교적이고 팔로워에게 친절한 리더
ISFJ(헌신적 리더): 충직하며 조직에 헌신적인 리더

## SJ형 리더와 같이 일하는 팔로워에게

조직에 헌신하고, 책임감이 강하고, 지속적으로 관리하는 SJ형 리더와 같이 일하는 팔로워는 그들이 정한 규칙이나 업무 방식을 따라는 주는 것이 좋다. SJ형 리더는 본인이 최대한 회사의 전통과 규칙을 따르고, 논리적으로 예상 가능한 관리를 할 가능성이 크다. 그렇기 때문에 SJ형 리더와 같이 업무를 할 경우 그들의 방식을 최대한 존중하고, 따라가는 것이 좋다. 예를 들어, SJ형 리더와 일할 때는 주간 업무를 보다 철저하게 작성하고 수행하는 편이 좋다. 관리형 리더인 SJ형의 경우 계획을 수립하고 그것들이 잘

진행되고 있는지를 빠르게 판단하고 싶어 한다. 그래서 흔히 주간 업무와 같은 명쾌한 보고 양식을 좋아하며, 그것대로 진행되고 있는지를 지속적으로 체크한다. 또한 매주 보고되는 주간 업무를 통해 일의 진행 여부를 본인의 관점으로 판단하고 지시하는 경향이 있다. 그래서 일을 잘하고 있다는 것을 믿음과 신뢰를 보여주는 것보다는, 우선적으로 주간 업무를 통해 충분히 일이 진행되고 있음을 표현해야 한다.

SJ형 리더에게는 현실적이고, 구체적으로 보고해야 한다. 뜬구름 잡는 이야기나 미래에 먼 이야기를 하는 것을 선호하지 않을 가능성이 높다. 그래서 계획이 불명확하거나, 구체화되지 않은 이야기를 하는 것을 불편해한다. 팔로워가 어떠한 업무를 추진할 때, 우선적으로는 바로 실행하고 있는 일들 먼저 두괄식으로 명쾌하게 보고하고, 아직 구체화되지 않은 업무에 대해서는 구체화되면 보고한다고 말하는 것이 좋다. 예를 들어, 6개월 이상 장기 프로젝트를 수행하고 있다면 금주와 다음 주에 있을 일들을 먼저 구체적으로 보고하고, 한 달 이후의 일들에 대해서 구체화하면서 지속 보고하는 것이 좋다. 큰 틀에서 6개월 계획을 잡을 때는 구체적으로 잡더라도 매주 보고할 때는 실행하고 있는 것, 바로 다음 주에 급히게 해야 할 일 중심으로 보고하는 것을 추천한다. 하지만 SJ형 리더는 장기적인 관점, 미래의 일들에 대해 놓치는 경우가 있다. 팔로워는 우선적인 업무에 대해 집중 보고하지만, 때로는 장기적 이야기, 앞으로 일어날 일에 대해 주기적으로 보고해서 SJ형 리더가 놓치는 부분을 보완해주면 더 좋을 것이다.

## SP형(위임형 리더): 적응의 실천가

### 리더십 발휘에서 중요한 요소: 자율성, 구성원, 흥미와 재미

SP형 리더는 외부 감각을 사용하여 정보를 습득하고, 개방성을 가지고 결정을 유보하는 행동양식을 가진 유형이다. 즉 외부의 직접적인 경험을 통한 사실을 내부에 저장하고, 바로 판단하기보다는 개방성을 가지고 정보를 계속 받아들이면서 결정하는 유형이다. 외부행동은 현실적인 사실에 초점을 맞추고 있으면서, 내부 세계에서는 감정 혹은 사고를 사용함으로써 경험을 추구하고, 자기 주위 세계에 대한 호기심이 왕성한 편이다. 그래서 상황이 어떻게 변하더라도 곧잘 순응하며 상황을 잘 관찰한다. 이로 인해 SP형 리더는 장인 기질이 높은 적응력 있는 현실주의자인 모습을 보인다. 경험주의자인 SP형 리더들은 "하고 싶을 때 한다!"라는 생각으로 내부의 충동에 그때그때 반응할 수 있어야 존재감과 만족감을 느낀다. SP형 리더들은 문제를 잘 해결하고 시의적절하면

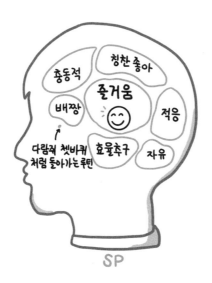

서도 영리하게 행동함으로써 본인 자신의 리더십을 행사한다. SP 형 리더는 위기 관리 능력이 뛰어나며, 자발적이고, 재간이 넘치기 때문에 조직에서 훌륭한 문제해결사Trouble Shooters 역할을 수행한다.

이런 모습이 SJ형 리더에 비해 자유스럽고, 충동적이며 스스럼없고 자발적으로 비칠 수 있다. 그리고 SP형 리더들은 주어진 그 순간에 충실하기 때문에, 만약 인간관계나 관례적인 조직의 절차들이 당면한 문제를 해결하는 능력을 제한하게 될 경우 과감히 업무를 추진하는 모습이 단점으로 보일 수 있다. 앞에서 언급한 위기 관리 능력이 때로는 SP형 리더의 가장 큰 약점이 될 수도 있으며, 너무 임시방편적인 해결책을 남발하는 것으로 비춰질 수 있다.

SP형의 대표적인 리더는 윈스턴 처칠이다. 처칠은 '영국 총리' 하면 가장 먼저 떠오르는 인물이다. 제2차 세계대전 당시 독일의 히틀러와 맞서 싸우면서 열세인 상황에서도 뛰어난 리더십과 선견지명을 발휘해 전세를 뒤집어 연합군의 승리를 이끌어냈다. 이로 인해 현재까지도 많은 사람의 존경을 받고 있다. 역사적으로 그에 대한 부정적인 평가도 많지만, 한마디로 말해 처칠은 영국을 대표하는 정치인이다. 제2차 세계대전을 승리로 이끈 위대한 지도자이지만, 그의 흔한 영국인다운 독특한 품행과 배짱을 보여주는 기행은 무수히 많다.

수많은 어록과 유머가 그의 성격을 대변하는데, 대표적인 연설 중 다음과 같은 구절이 있다. "만약 대영제국과 그 연방이 천년을 이어간다면, 후대의 인류는 바로 지금이 가장 영광스러운 순간 Their finest hour이었다고 말할 것입니다(1940년 6월 18일, 하원 회의)." 이 연설을 하는 순간에도 독일군의 공격이 눈앞에 있고, 영국 입장에서는 매우 어려운 전쟁이 예상되었지만, 그의 특유의 개방성과 긍정적 사고로 영국 국민에게 희망과 자신감을 부여하였다. 젊은 시절 처칠은 전쟁에서 크게 패하기도 했지만, 문제를 잘 해결하고 시의적절하면서도 영리하게 행동하는 SP형 리더의 장점을 잘 발휘하여 역사적으로 훌륭한 인물로 남았다.

조직 내에서 SP형 리더는 무엇보다 효율성과 재미를 표방한다. 놀면서 일을 처리하는 방식을 선호한다. 다소 무책임하게 보이거나 절제 없는 사람 같아 보일 수 있지만 본인의 할 일은 알아서 잘한다. 순간순간을 경험하고 즐기려 하기 때문에 저돌적인 행동력을 보이기도 한다. 그 결과, 누구보다 빠르고 거침없이 일을 수행한다. 또한 이들은 흔히 합리화의 대가이다. 주변에서 아무리 설득해도 내가 하고 싶은 일이 생기면 무슨 이유를 대서라도 그것을 하고야 만다. 그리고 사람 좋은 매력이 있다. 함께 있으면 즐겁고 잘 웃게 하는 장점이 있다. 계획은 못 세우지만, 중간중간 업무들을 처리함에 있어서 순발력으로 실수를 덮고, 특유의 붙임성으로 무마한다. 이들은 계획적이고 순서대로 진행해야 하는 반복적인 일이 불편하다. 사무실에서 하는 단순 업무보다는 현장에 직접 뛰는 활동 업무를 더 선호한다. 이들은 자신이 몰두하고, 재미를 느끼면 업무에서 좋은 결과를 만들어낸다.

하지만 이들은 조직에서 리더 역할을 할 때도 자유로움을 추구하며, 자유를 억제당하는 것에 극도의 스트레스를 받는다. 재미와 흥미를 느끼지 못하는 것에 쉽게 질리는 경향이 있다. 때때로 그러한 현실에 분노로 표출하거나 회피하기도 한다. SP형 리더는 사람들에게 무언가를 주었을 때 당연히 상대방의 칭찬이나 감사를 기다리지만, 상대방의 반응이 기대에 못 미치면 스트레스를 받는다. 따라서 주위 사람의 인내와 관심이 필요하다. 다른 유형보다 주변 사람들의 칭찬을 선호하는 리더형이다.

위임형 리더인 SP형은 다음과 같은 리더로서의 특징을 가진다.

| 호의적인 상황 | 비호의적인 상황 |
| --- | --- |
| - 즐겁게 일할 수 있는지를 고민한다.<br>- 목표에 대한 합의점을 잘 도출한다.<br>- 변경된 상황에서 효율적으로 대처한다.<br>- 일을 믿고 맡기는 스타일이다.<br>- 각자의 다양한 방법을 수용한다.<br>- 협의 조정을 잘한다. | - 임기응변적 업무 성향이 나타난다.<br>- 리더의 행동에 대한 예측이 어렵다.<br>- 최소한의 노력으로 성과를 내려 한다.<br>- 마무리가 부족하다. |

ESTP(활동형 리더): 친구, 운동, 음식 등 다양한 활동을 선호하는 리더
ISTP(적응형 리더): 논리적이고 뛰어난 상황 적응력을 가지고 있는 리더
ESFP(연예인형 리더): 흥이 넘치고 사교적인 리더
ISFP(감성형 리더): 따뜻한 감성을 가지고 있는 리더

**SP형 리더와 같이 일하는 팔로워에게**

위임형 리더이면서 자유로운 SP형 리더와 같이 일하는 팔로워는 본인 스스로 일을 추진해나가는 것이 필요하다. 위임형 리더이기 때문에 구체적인 가이드라인이나 관리보다는 팔로워 스스로 행동하도록 개방적으로 열어줄 가능성이 크다. 그래서 본인의 리더가 SP형인 경우 본인 스스로 계획을 수행하고, 업무를 관리

해가는 것이 중요하다. 예를 들어, 새로운 프로젝트가 발생한 경우 SP형 리더에게 지시가 내려올 때까지 기다리기보다는 구체적인 계획을 세워서 보고하고, 팔로워 스스로 추진해가는 것이 필요하다. 하지만 SP형 리더는 문제해결형 리더이기 때문에 프로젝트 계획을 수립하면서 어려운 점이 있으면, 바로바로 도움을 요청하는 것이 좋다. 그러면 SP형 리더는 본인의 장점을 발휘해서 순발력 있게 문제를 잘 해결해나갈 것이다.

SP형 리더는 다소 자유롭거나, 즉흥적일 가능성이 있다. 그래서 업무 처리를 임기응변으로 해결하려고 할 수도 있다. 이러한 점을 미리 예측하고, 원래 계획대로 진행할 수 있도록 주변에서 지속적으로 지원해주어야 한다. 때론 즉흥적으로 문제를 해결하고, 순발력을 발휘해나가는 것도 필요하지만 때로는 원래 계획한 대로 해결하는 것이 중요한 것도 있다는 것을 상기시켜줄 필요가 있다. 예를 들어, 구매하는 물품들이 원래 계획대로 수급이 안 되는 경우가 있다. 이런 경우 SP형 리더는 융통성을 발휘해서 빠르게 구입하고 일을 처리하는 것을 선호할 수 있다. 하지만 내부 절차를 최대한 준수하면서, 구매를 원칙대로 하고 일 처리를 하도록 옆에서 지원할 필요가 있다. 혹시라도 급한 상황에서 SP형 리더가 절차를 많이 건너뛰는 경우, 팔로워가 옆에서 절차에 대해 다시 한번 상기시켜주도록 하자.

# NT형(혁신형 리더): 지적 추구의 합리주의자

리더십 발휘에서 중요한 요소:
성취 욕구, 탁월함, 능력, 지식 정보 탐구, 영향력

NT형 리더는 내부 육감을 사용하여 정보를 습득하며, 논리적 분석에 따라 의사를 결정하는 유형이다. 즉 본능적인 직관을 통한 사실을 인식하지만, 최대한 객관적으로 의사결정을 한다. NT형 리더는 합리적이며, 지식에 대한 갈구와 자질 향상, 지식추구, 개인의 능력Competence을 가장 중요시한다. 그리고 개인의 능력에서 리더십이 발생한다고 믿는다. 또한 NT형 리더는 비전을 중요시하고 이론적이며 논리적인 자신감을 실현하고자 하는 열정으로 충만한 타입이다. 그들은 복잡한 문제도 논리적으로 분석해서 해결하며 이론적인 근거를 제시하는 전문성을 보인다.

NT형 리더는 객관적인 명료성을 요구하며, 어떤 안건이든 논리적이고 전략적인 분석을 통하여 처리하기를 원한다. 그리고 이들은 자기 비판적이다. 자신이 실수를 하게 되면 실수를 반복하지 않도록 끊임없이 자신을 감시하고 점검하는 모습을 보인다. 이러한 자기 비판적 모습과 전문성으로 어떤 분야에서 새로운 혁신이 가능하도록 한다. NT형 리더의 특성 중 특별한 하나는 다른 어떤 유형들보다도 독립적이라는 것이다. 그렇기 때문에 NT형과 나머

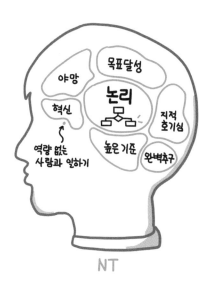

NT

지 SJ, SP, NF형의 차이점을 이해하고, 이들 모두를 중재할 수 있는 사람이 주변에 필요하다.

하지만 NT형 리더는 지나치게 경쟁적인 행동을 하기 쉬운 단점이 있다. 또한 원리원칙을 준수하며 업무 관련자들에게 기대하는 바가 높아 팀원들이나 주변 사람들이 다소 힘들어하는 경우가 많다. 그들은 능력을 매우 중요시하기 때문에 신속하게 잘못된 점을 찾아내어 비평을 잘하는 편이다. 이러한 비평을 통해 타인이 더 진보하도록 도와줄 수 있다고 믿지만, 때로는 이러한 점이 주변 사람을 힘들게 할 수도 있다. 그리고 그들의 독립성과 혁신 추구는 전통을 존중하고 현실을 중요하게 생각하는 SJ, SP형에게는 부담스러울 수밖에 없다.

스티브 잡스는 대표적인 NT 유형 리더로 알려져 있다. 스티브 잡스는 '해군이 아니라 해적이 돼라!Pirates! Not the Navy!'는 문구가 적힌 티셔츠를 직원들에게 나눠준 적이 있다. 이는 잡스의 '사람 쓰는 법'이 반영된 이벤트였다. 해적은 무법적이고 자유롭게 사고하는 혁신 정신을 상징한다. 해군은 관료화되고 지위만을 유지하려는 권위주의적 직원을 말한다. 해적은 작은 그룹이지만 매우 조직화돼 있다. 그래서 잡스가 말한 해적이란 팀워크를 중시하고, 혁신을 추구하는 사람이다. 또한 엘리베이터에서 만난 직원에게 여러 질문을 던진 후 답을 하지 못한 직원에게는 엘리베이터에서 내리자마자 해고했다는 일화도 유명하다.

NT형 리더는 능력 중심의 리더십을 발휘하면서 항상 혁신을 염두에 두고 단순하면서 분석적인 명료한 답을 요구한다. 그리고 팀원들의 상호작용이나 의사결정에 열정적으로 참여시키거나, 유연한 상호작용을 중요하게 생각하지 않는 경우가 많다. 자기 자신의 기준이 높기 때문에 팀원들에게도 높은 기준을 요구하는 것이다. NT형 리더는 "이 정도로는 안 돼! 완벽하게, 더 완벽하게!" 무슨 일이든지 더 탁월하게 이루려는 성취 욕구가 있다. 이러한 스티브 잡스의 완벽성이 오늘날 애플을 높은 수준의 기업으로 성장하게 한 것이다.

조직 내에서 NT형 리더는 재능을 중요하게 생각하고, 늘 자신의 능력을 키워나간다. 무슨 일을 하든지 더 잘하고 싶고, 다른 사람들보다 더 잘하고 싶기 때문이다. 그래서 NT형 리더는 조직에서 상대방의 뛰어난 재능과 능력을 인정하고 존중한다. 사람을 좋아한다기보다는 그 사람의 능력, 재능을 좋아하는 편이다. 그 사람의 인간성이 덜 되어도 능력이 있으면 그와 같이 쉽게 일할 수 있다. SJ형 리더들은 완벽에 가까운 안정을 원한다면, NT형 리더들은 완벽에 가까운 탁월함을 원한다. 나의 꿈을 펼칠 수 있는 능력과 비전, 가능성을 추구한다. 더 탁월한 결과를 얻기 원하는 그들은 늘 비교하고, 필요하면 경쟁을 한다. 그래서 경쟁심이 강한 편이다. 끊임없이 공부하고, 자기계발에 힘을 쓴다. 급속도로 발전하는 현대 사회의 새로운 기술에 대해서도 그들의 지식욕은 늘 새로운 분야를 앞질러 간다. 지식 습득에 빠져 있다 보면 시간 가는 줄 모른다. 만나는 사람들에게 언제나 새로운 가능성과 비전을 이야기하며, '힘', '능력', '파워' 같은 단어를 좋아한다.

하지만 NT형 리더는 탁월하기 위해 노력하는 자기 욕구 또는 그런 여유시간을 보장받지 못할 때 극심한 스트레스를 받는다. 그리고 자기 전공 분야에서 무능하다고 생각되면 스트레스를 받는다. 하지만 자기 분야가 아닌 것에서 무능하다는 소리를 듣는 것은 대수롭지 않게 넘길 수도 있다. 완벽하게 일 처리를 하려는 경향이 있어서 실수를 용납하지 못한다. 사람에게보다는 일에 더 관심이 많기 때문에 상황을 부드럽게 만드는 대화기술이 부족하고 대인관계도 약하다. NT형 리더는 가장 독립적인 기질이기 때문에 모든 것을 스스로 하길 원하고, 도와주는 것을 오히려 불편하게 생각한다. 인간관계보다 일 자체에 더 관심이 있기에 다른 사람의 평가에도 별로 관심이 없다. 다른 사람의 평가보다 자신의 평가가 더 중요하다. NT형 리더들은 자신의 능력을 칭찬해주는 것을 가장 좋아한다.

NT형은 다음과 같은 리더로서의 특징을 가진다.

| 호의적인 상황 | 비호의적인 상황 |
| --- | --- |
| - 새로운 사업 창출, 혁신을 잘한다.<br>- 거시적 관점의 장기적 비전 수립을 한다.<br>- 체계를 잘 만든다.<br>- 변화에 대해 민첩하게 반응한다. | - 비전은 제시하지만 실천은 방관한다.<br>- 인격적인 모독을 하는 경우가 있다.<br>- 성과에 대한 기준이 높다. |

ENTJ(지도자형 리더): 비전을 가지고 사람들을 활력적으로 이끌어가는 리더
INTJ(과학자형 리더): 지적이고 통찰력 있는 리더
ENTP(혁신형 리더): 풍부한 상상력을 가지고 새로운 것에 도전하는 리더
INTP(전략형 리더): 비판적인 관점을 가지고 있는 뛰어난 전략적 리더


**NT형 리더와 같이 일하는 팔로워에게**

혁신형 리더이면서 지적 추구자이며 합리주의자인 NT형 리더

와 같이 일하는 팔로워는 능력으로 인정받아야 한다. 인간관계보다는 능력을 가장 중시하는 NT형 리더에게 무능은 다른 무엇보다 용서할 수 없는 부분이다. 그래서 언제나 NT형 리더와 일할경우 본인의 능력과 지속적인 자기계발에 대해 어필할 필요가 있다. 예를 들어, NT형 리더가 고객Client인 경우 무엇보다 능력을 우선적으로 보여주어야 한다. 프로젝트를 추진해갈 때, 인간적인 관계를 강조하기보다는 그 분야에 가장 전문성이 있다는 것을 계속입증해야 한다. 그래서 업무 미팅할 때는 지속적으로 그 분야에대해 전문성이 있고, 가장 유능하게 업무를 추진해나갈 수 있다는것을 계속 강조해야 한다.

그리고 NT형 리더들의 겉으로는 뻣뻣하고 변화 없는 표정 이면에 숨어 있는 속마음을 잘 읽어줄 필요가 있다. 겉으로는 무뚝뚝해 보일 수 있지만, 그것은 업무를 처리하는 방식일 뿐, 알고 보면 부드러운 리더일 수 있다. 본인의 기준, 능력에 대해 엄격하기때문에 업무 시간에 딱딱해 보일 수 있으나, 업무와 관계가 없는분야에서는 겸손하고, 개방적인 성격일 수 있다. 예를 들어, 엔지니어 NT형 리더는 본인의 전공 기술 분야에 대해서는 엄격하게피드백하고, 업무를 지시할 수 있다. 하지만 업무 외적인 예술이나 취미 같은 분야는 개방적인 사고를 가지고 있다. 그래서 평소업무와 관계없는 이야기를 할 때는 보다 부드럽게 서로 대화를 할 수 있다. 하지만 주의할 점은 바쁘고 정신없는 경우 이러한 이야기는 최소화해야 하고 독립성을 유지하게 해야 한다. 다소 여유가 있을 경우 업무 이외의 이야기를 하는 것이 좋다.

## NF(코치형 리더): 이상주의적 자아 실현가

리더십 발휘에서 중요한 요소: 자아실현, 성장, 인간 관계, 인정

NF형 리더는 내부 육감을 사용하여 정보를 습득하며, 개인적인 느낌과 가치관에 따라 의사를 결정하는 유형이다. 본능적인 직관으로 사실을 인식하며, 여러 주변 상황을 고려해서 의사를 결정하는 것이다. 그래서 이상가적 기질의 NF형 리더는 성장을 지향하며, 의미에 대해 심사숙고함을 지니고 있으며, 타인을 가르치거나 더 나은 세상을 만들고자 한다. 특히 진실을 가장 중요하게 여기며 개인의 잠재력을 개발시키려는 욕구가 강한 리더이다. 그리고 이들은 "남들과 다르게 살고 싶다"라는 자아실현의 욕구가 강하며, 끊임없이 자신의 꿈을 실현하고자 노력한다. 또한 이들은 평생 남들과 다르게 독특한 개성을 가지고 살고 싶어 한다.

SJ형 전통주의자들이 남들과 다르게 또는 혼자만 튀는 것을 싫어하지만, NF형 이상가들은 남들과 똑같아지려는 것을 싫어하는

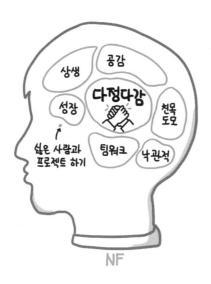

경향이 있다. NF형 리더는 개인적인 인간관계에서 리더십의 영향력이 생긴다고 믿는다. NF형 리더는 팔로워들과 인간적인 관계를 맺고 팔로워들의 헌신을 이끌어내고자 노력한다. 이를 위해 NF형 리더는 진실한 태도로 사람들을 대하고, 타인을 끊임없이 격려하며 사람들의 기여를 인정해준다. NF형 리더들은 사람들이 자신을 단순히 따르기를 바라는 것이 아니라, 과업에 대해 확고한 신념을 가지고 있는, 동질감이 높고 끈끈하게 뭉쳐진 집단을 만들고 싶어 한다.

하지만 NF형 리더 대다수가 너무 이상주의적이라는 단점을 가지고 있다. 본인과 다른 사람에 대해 비현실적일 만큼 낙관적인 태도를 보일 수도 있다. 그리고 남들과 다른 개성을 추구하기 때문에 단순하고 일상적인 것들을 싫어할 수 있다. 그리고 많은 점을 고려하여 의사결정을 하기 때문에 결단력이 부족하다는 지적을 받을 수 있다.

대표적인 NF 유형의 리더는 월트 디즈니이다. 미국의 만화 제작자이면서, 영화감독, 성우 그리고 성공한 기업인이다. 세계적 기업 월트 디즈니의 회사명은 그의 이름에서 나왔다. 디즈니는 세계 최대의 엔터테인먼트 기업으로 전 세계를 상대로 미디어, 게임, 놀이공원, 서적, 완구, 영화 등 각종 사업을 하고 있다. 레오나르도 다빈치 이후 예술계에 가장 큰 영향을 끼친 사람인 디즈니는 상상력을 상품으로 만들었고, 사람들에게 '꿈'을 팔았다. '창조자$_{creator}$'라는 말이 가장 잘 어울리는 그의 철학과 정신은 창업 100년을 향해 달려가는 기업, 월트 디즈니사에 아직도 살아 숨 쉬고 있다.

1950년대 회사는 탄탄대로를 걷고 있었지만, 기업 내에는 여전히 기업의 응집력을 높일 문화가 없다는 사실을 알았다. 그때 그는 직원들에게 창의와 절약을 강조하는 기업문화는 디즈니의 정신을 만들었다. 또한 디즈니가 평생 노력한 것은 새롭고도 놀라운 방법으로 사람들에게 기쁨을 주는 일을 하거나 만드는 것이라고 정의하였다. 디즈니는 돈을 버는 대신 행복을 파는 데 주력한 것이다. 디즈니의 성공은 꿈, 믿음, 용기, 실천이라는 4가지 핵심 요소라고 정의하고 이를 직원들에게 전파하고 감동시키며 실천하게 하여, 사업을 성공시켰다. 또한 디즈니는 실패를 두려워하지 않고 꿈을 향해 전진하는 열정을 직원, 그리고 주변 사람들에게도 전파시켰다. 디즈니 내부의 미술가들과 수백 명에 달하는 직원들에게 꿈의 날개를 마음껏 펼치도록 격려했다. 디즈니의 꿈에 매료된 직원들은 그의 꿈을 서로서로 나눠 갖기 시작했다. 그가 직원들에게 나눠준 꿈은 열정이 되어 지금도 디즈니랜드에 살아 있고, 이것이 디즈니 리더십의 중심이 되는 꿈의 힘이 되었다. 이는 NF형 리더가 창조적인 것을 추구하는 것을 보여주는 대표적인 사례이다.

조직 내에서 NF형 리더는 자신만의 개성을 살려야 직성이 풀리고, 그래서 지속적으로 자신의 개성을 표현하고 싶어 한다. 자기가 입고 있는 옷과 똑같은 옷을 다른 사람이 입고 있는 것을 보면 아주 싫어한다. 자기만의 옷 또는 스타일을 추구하기 때문이다. 도덕적으로 흠이 없길 바라고, 거짓을 싫어하기에 높은 도덕관을 지닌 사람으로 비춰진다. NF형 리더는 상대방이 원하는 것을 알아서 미리 준비해두기도 하고, 늘 상대방이 무엇을 원하는지 알기 위해 신경을 쓴다. NF형 리더들은 '관계'의 논리로 일하며, 주변 사람들에게 중요한 사람이라는 것을 인정받고 있을 때 더욱 좋은 결과물을 만들어낸다. 그러기 때문에 보통 NF형 리더는 주변 사람들에게 잘해준다는 평을 받는다.

하지만 NF형 리더에게 단순하게 순응을 강요하면 스트레스를 받는다. 그리고 스트레스가 심해지면 순응을 강요한 그 사람 자체를 거부하는 단점이 있다. 이런 리더는 사람들과의 관계가 깨지는 것을 아주 속상해하고 자책하는 경향이 있다. 또한 NF형 리더는 겉과 속이 다른 것은 견디기 어려워한다. 이들은 완전함, 무결점, 완벽함, 고결하고 정직함, 진실함을 추구하기 때문에 이런 것이 부족한 사람을 상대적으로 싫어한다. 그리고 때때로 내 마음을 눈치채지 못하는 내 사람에게 상처받기도 한다. 평소에는 우호적이지만 스트레스를 많이 받게 되면 비협조적인 태도를 취하게 되고, 부정적인 반응을 보인다. 이들은 무슨 일을 하든지 자기 안에서 그 일에 대해 완전하게 그림이 그려져야 한다. 일의 시작이 더딘 편이다. 자신이 중요한 사람이라고 인정받지 못하면 스트레스를 받게 된다. 특히 상대방이 거절을 잘 못하는 스타일이다.

코치형 리더인 NF형은 다음과 같은 리더로서의 특징을 가진다.

| 호의적인 상황 | 비호의적인 상황 |
| --- | --- |
| - 민주주의적 리더의 역할을 잘 수행한다.<br>- 공감적 경청을 잘한다.<br>- 통찰력 있고 카리스마가 있다.<br>- 주변을 잘 격려한다. | - 비현실적일 만큼 낙관적이다.<br>- 자율적 루틴을 힘들어한다.<br>- 결단력이 부족하다. |

## NF형 리더와 같이 일하는 팔로워에게

코치형 리더이면서 이상주의자 리더인 NF형 리더는 팔로워와의 관계를 중요시한다. 그들은 자신의 자기계발과 타인의 성장에 대해서도 관심이 많다. 그래서 팔로워는 NF형 리더와 많은 이야기를 할 필요가 있다. 업무 시간에 NF형 리더는 관계 향상을 위해 업무와 관계없는 말을 할 가능성이 있다. 이런 경우도 팔로워는 그들의 성향을 이해하고 적극적으로 대화를 하는 것이 좋다. 예를 들어, 신상품 회의를 할 때 NF형 리더는 회의 안건과 다른 다양한 이야기를 할 수 있다. 상품 개발 프로세스에 대해 설명하거나, 최근에 본 타 업종 상품에 대해 이야기할 수 있다. 이런 경우 팔로워는 회의에 안건과 별 건이라고 생각하고, 이야기를 중단시킬 수도 있다. 하지만 그것이 본 상품 개발에 어떠한 도움이 될지, 본인의 사고 확장에 어떠한 영향을 주는지를 생각하면서 일단 들어보는 것이 좋다. 그리고 그것에 대해 NF형 리더에게 좋은 의견이라고 바로 인정하는 것도 중요한 부분이나.

그리고 NF형 리더는 때로는 바로바로 결단을 내리지 않는 경우도 발생한다. 이런 경우 팔로워는 결단할 수 있도록 지원하는 것이 필요하다. 결단을 위해 지원할 경우는 최대한 상대방의 의견을 존중하지만, 그 업무의 납기 기간과 사안의 중요성, 경중 등을 이야기하면서 종결할 필요가 있다. 예를 들어, 새로운 홍보물 디자인 회의를 할 경우 NF형 리더는 여러 사람의 의견을 존중하면서, 다양한 관점에서 검토할 가능성이 있다. 이런 경우 만약 홍보물이 중요한 건이 아니라면, 빠르게 결정하도록 지원하는 것이 필요하다. 그래서 리더의 의견을 인정하면서, 필요할 때 다수결 등을 통해 바로바로 결정하고 더 중요한 일에 집중할 수 있도록 넘어가게 하는 것도 좋은 방법이다.

# 3

# 박 대리는 왜 그럴까?
# (MBTI 팔로워십)

## SJ형 팔로워: 믿음직한 꼼꼼이

#소속감 #맡겨만주세요 #칭찬원츄 #젊꼰 #유교걸 #걱정인형
#내가아니면누가해

책임감 있는 SJ형 팔로워는 조직에서 쓸모 있는 사람이 되고 싶다. 아무것도 하지 않고 다른 사람에게 의존하는 것을 부당하고 무책임한 태도라고 여긴다. 그렇지만 이러한 태도는 혼자 독립하고 싶은 의미라고 하기보다 조직에 소속되어 스스로 이끌어가고 싶어 하는 욕구라고 볼 수 있다. SJ형 팔로워에게 소속감은 매우 중요한 요소이다. 누군가를 섬기고 지원하는 것이 자신의 의무라고 생각하고 이 과정에서 SJ형 팔로워는 큰 소속감을 느낀다. 회사에 대해서 욕은 하더라도 내가 이 회사의 구성원이라는 것을 자랑스러워한다. 할 수만 있다면 높은 직급까지 올라가서 이 조직에서 중요한 사람이 되고 싶어 한다.

SJ형 팔로워는 혹독하게 자기를 관리하는 편이다. 업무에 몰입하여 성과를 내기 위해 본인이 하고 싶은 일들을 참아낸다. 이들은 다른 것보다 조직 내부적인 평가를 중요하게 생각하고 많은 신경을 쓴다. 평가는 조직에서 나를 어떻게 생각하는지 알 수 있는 지표이기 때문이다. 해야 할 일이 있으면 끝까지 책임 있게 완수하는 SJ형 팔로워는 다른 사람들보다 많은 일을 맡는 경우가 많다. 본인에게 일이 몰린다는 것을 알면서도 거절하지 못하는 편이다. 책임감 있는 SJ형이지만 하는 일에 비해 인정받지 못할 때도 많다. 내가 일을 맡아서 하는 것이 스스로 당연하다 생각하기 때문에 보답을 요구하거나 상대에게 감사인사를 받는 것이 다소 어색하다.

SJ형 팔로워는 조직 내 정해진 규범을 잘 지킨다. 조직을 만들고 지켜내는 일에 진심인 이들은 수직적인 조직의 구조를 충분히 이해하고, 조직이 잘 운영되기 위해서는 수직적 구조가 어느 정도 필요하다고 생각한다. 회사에서 직위를 부여하는 것에 대하여 그만큼 내가 자격이 있다는 의미로 받아들이기 때문에, 직급이 사라지고 동일한 호칭을 사용하는 수평적 조직문화가 아직도 낯설고 불편하다. SJ형 팔로워는 체계적으로 업무를 정리하고 분류하며 업무 일정을 점검한다. 해야 할 일을 미루거나 업무 기한을 지키지 않는 것은 스스로 용납하지 스스로 못하기 때문이다.

| 호의적인 상황 | 비호의적인 상황 |
| --- | --- |
| - 맡은 일은 어떻게든 해내는 책임감<br>- 플랜B까지 대비하는 철두철미한<br>  업무 방식<br>- 주변 사람들로부터 신뢰도가 높다.<br>- 공손하고 예절바른 태도를 가지고 있다. | - 스트레스 지수가 높고 예민하다.<br>- 의사결정의 속도가 느린 편이다.<br>- 융통성이 부족하다. |

### SJ형 팔로워와 소통하는 리더에게

걱정이 많은 SJ형 팔로워는 내가 잘하고 있는지 점검해야 마음이 편하다. 이들과 일할 때는 업무의 방향성을 수시로 체크하고 피드백을 해주는 것이 좋다. SJ형 팔로워는 업무 결과물에 대해 평가받는 것을 좋아하는데, 정해진 기준에 얼마나 잘 부합하는 결과물이 나왔는지를 명확하게 알려주면 가장 기뻐한다. 업무를 지시할 때는 예시를 들어 설명하는 등 SJ형이 표본으로 삼을 수 있는 구체적인 상황을 제시해주면 이해에 도움이 된다. 업무를 체계적으로 계획하고 일정을 맞추는 업무 방식을 선호하기 때문에, 계획이나 일정에 변경이 생긴다면 최대한 미리 알려주는 것이 SJ형 팔로워의 업무 진행에 도움을 줄 수 있다.

또한 이들은 겉으로 표현하지는 않지만 싫은 소리를 가볍게 넘기지 못하고 마음에 담아두는 경향이 있다는 것을 알고 있어야 한다. 부정적인 비판을 들으면 좀 더 잘하려고 노력할 수 있겠지만 업무가 끝난 후 적절한 칭찬을 통해 동기부여를 해주면 좋다. 장기간 독립적으로 추진해야 하는 과업은 SJ형 팔로워에게 어려울 수 있다. 눈에 보이지 않는 문제를 예상하고 개선점을 찾거나, 새로운 아이디어를 찾아내는 것 또한 이들이 힘들어하는 업무이므로 업무분장을 할 때 최대한 고려하는 것이 좋다.

책임감이 강한 SJ형 팔로워가 업무 성과를 내려면 안정적인 성향의 리더가 도움이 된다. 리더가 자주 바뀌거나, 즉흥적으로 조직을 운영하는 형태의 리더십은 SJ형 팔로워를 불안하게 만들 수 있다. 입사 동기나 팀원들과의 관계가 좋다면 안정적인 회사생활에 도움이 될 수 있다.

- 유명한 할리우드 배우인 나탈리 포트먼은 평소 체계적이고 완벽주의적이지만 타인에게 헌신적인 성향으로 알려져 있다.
- 많은 사람의 존경을 받는 마더 테레사는 SJ형의 헌신을 잘 보여주는 인물이다. 노벨평화상 수상자이며 세계적인 사회운동가로 활동하였다.
- 세계적인 부자이자 투자자인 워런 버핏은 인내심이 강하고 집요하게 일을 추진하면서도 타인을 배려하고 어려운 사람들을 도와 많은 사람에게 존경받는다.

# SP형 팔로워: 호기심 가득한 자유영혼

#자유로운영혼 #인싸 #한량 #낙천주의 #행동파 #오늘만산다
#위기대처능력최고

현재를 살아가며 즐거움과 편안함을 추구하는 SP형 팔로워. 머리 아프고 복잡한 생각은 좋아하지 않는다. 행동을 중요시하고 자유로운 방식으로 일하고 싶어 하는 것이 SP형 팔로워의 대표적인 특징이다. 행동 자체에 집중하는 SP형 팔로워에게 이 업무를 왜 해야 하는지 의무와 목적을 구구절절 설명하는 것은 큰 의미가 없다. 금요일 저녁, 전체 회식을 한다는 공지사항을 받았다. 팀원들끼리의 친목 도모를 위해 이번 회식이 꼭 필요하다고 한다. '친구들과 놀기에도 부족한 금요일 밤에 회식이라니?' SP형 팔로워에게는 '친목 도모'의 목적보다 '금요일 밤 회식'이라는 행위가 더욱 크게 다가온다.

이들은 해야 한다는 필요성을 스스로 느껴야 행동에 옮길 수 있다. 성과를 위해 일하지 않으며, 노력이 결실을 보지 못한다 해도 좌절하지 않는다. 노력 자체에 의미를 두는 과정 지향적인 성향이기 때문이다. 잘 짜인 프로세스 대신 결과를 예측할 수 없고 한계를 시험해볼 수 있는 상황에서 업무를 잘 해낸다. 위기 속에서 최고의 능력을 발휘하고, 누구보다 빠르게 대응할 수 있다. 긴

박할수록 일이 수월하게 처리되고 활기를 찾는 SP형 팔로워는 변화가 없는 환경에서 쉽게 흥미를 잃고 지루함을 느낀다.

직장 내에서 능력 있어 보이거나 권력을 갖는 것에는 큰 관심이 없는 SP형 팔로워는 다른 사람에게 자유로운 사람으로 인식되고 싶다. 때문에 맥락 없는 돌발적인 행동들을 하는 경우도 있다. 업무 이외에 다양한 취미와 관심사가 있고, 주변 사람들에게 쾌활하고 밝은 이미지로 느껴진다. 아무리 바빠도 핫플레이스나 맛집을 찾아다니며 새로운 것을 탐색하고 에너지를 보충한다. 회복 탄력성이 높아 스트레스도 금방 극복하는 SP형 팔로워는 건강한 정신의 소유자가 많다. 힘든 일이 있어도 금방 털고 일어난다. 장기적인 목표보다는 현재의 행복을 우선시하며 하루하루에 최선을 다해 살아간다.

| 호의적인 상황 | 비호의적인 상황 |
|---|---|
| - 팀 내에서 분위기 메이커의 역할을 한다.<br>- 상황 대처 능력이 탁월하다.<br>- 스트레스가 적은 편이다.<br>- 업무 진행 속도가 빠르다. | - 충동적인 행동을 할 때가 있다.<br>- 내적 친밀감을 형성하기 어렵다.<br>- 디테일이 부족하다.<br>- 통제나 규율에 부정적인 시선을 가지고 있다. |

### SP형 팔로워와 소통하는 리더에게

자유로운 업무 방식을 선호하는 SP형 팔로워는 리더의 필요성에 대해 회의적일 수도 있다. 시시콜콜 일정을 체크하고 참견하는 스타일의 리더는 SP형 팔로워와 잘 맞지 않는다. 필요한 권한을 주고 자유롭게 맡기도록 하자. 결과물에 대한 칭찬보다는 행위 자체에 대한 피드백을 하는 것이 효과적이다. 얼마나 쉬운 방법으로 일을 했는지, 다른 사람들과 다른 참신한 방식을 사용하였는지 등을 짚어주면 좋다.

SP형 팔로워들은 미래에 대한 비전, 동기부여에는 크게 관심이 없다. '이렇게 해야 나중에 팀장 하지', '장기적인 목표를 가져라', '다 너를 위해 하는 이야기다'와 같은 조언은 SP형 팔로워에게 전혀 동기부여가 되지 못한다는 것을 기억하자.

SP형 팔로워가 의무와 목적에 피로감을 느끼고 달아나고 싶은 충동을 느껴 무단결근, 퇴사 등 돌발행동을 할 수도 있다. 이들이 업무 중 위기를 극복하거나 또는 위기를 기회로 바꾼 일이 있다면 꼭 언급하며 긍정적인 피드백을 제공해야 한다. 직접 경험하고 경쟁하며 위험에 맞서는 것을 선호하는 SP형 팔로워에게는 순간적인 요구에 즉시 행동으로 대처할 수 있는 직무를 맡긴다면 탁월하게 역량을 발휘할 수 있다.

• 자유롭고 쿨한 성격으로 사람들에게 친근한 모습을 보여주는 레오나르도 디카프리오는 환경 등의 사회문제에 관해 관심을 갖고 이에 앞장서

적극적으로 활동하고 있다.

- 새로운 것을 시도하는 것에 두려움이 없는 가수 리한나의 모습에서 자기애가 강하고 대담함을 느낄 수 있다. 그녀는 팬에게는 한없이 다정하고 따뜻하며 소외된 사람들을 위한 활발한 자선활동을 펼쳐가고 있다.

- 축구선수 데이비드 베컴은 평소 수줍음이 많고 조용했지만 창의적인 아이디어를 많이 가지고 있어 예술가적 기질이 보이기도 하며 타인에게 친절하다고 알려졌다.


## NT형 팔로워: 자신감 넘치는 차도남녀

#야망가 #논리야놀자 #자아비판 #완벽주의 #미래지향적 #냉혈한
#비꼬기대마왕 #호기심천국

성장하고 싶고, 유능해지고 싶어 행동하는 NT형 팔로워는 스스로에게 매우 엄격하다. 자신의 상태를 항상 점검하고 의지를 불태우는 NT형 팔로워는 자신의 분야에서 최고가 되는 것을 목표로 삼는다. 보완해야 할 부분을 끊임없이 생각하며 완벽한 성공을 위해 노력한다. 이토록 자신을 채찍질하는 NT형 팔로워이지만, 다른 사람이 나를 비판하는 것에 대해서는 쉽게 인정하기 어렵다. 불쾌한 마음을 겉으로 드러내지 않더라도 앞뒤가 맞는 지적을 했는지 나만의 논리로 따져본다. 일하는 과정에서 나의 실수를 지적 당하는 것을 매우 수치스럽게 생각한다.

NT형 팔로워는 기본적으로 사람에 대한 큰 기대가 없는 편이기 때문에 역량이 부족하다고 생각하는 상사나 동료에게도 마찬가지의 태도를 보인다. 이들은 기준이 매우 높기 때문에, 그 기준을 달성할 사람은 사실 많지 않다. NT형 팔로워의 기준으로는 주변 사람들이 대부분 부족하게 보인다. 사람들이 나를 이해하지 못한다는 생각으로 인해 동료들에게도 방어적으로 소통하는 편이기 때문에, 조직 내에서 사람들과 깊은 인간관계를 맺거나 살갑게 지내는 편은 아니다.

NT형 팔로워는 짧고 간결하며 논리적인 커뮤니케이션을 선호한다. 직설적이고 솔직한 편이지만 대화 뒤의 숨은 맥락을 찾아내는 데는 서툴다. 상대방의 반응에도 둔감하기 때문에 차갑고 속을 알 수 없는 사람으로 보이는 경우도 많다.

NT형 팔로워는 일관성 있는 피드백을 원하고 지적 호기심이 풍부하여 끊임없이 공부하려고 한다. 새로운 정책이나 아이디어를 좋아하고 변화를 비교적 잘 받아들일 수 있다. 하지만 본인이 관심 없는 분야에는 매우 소홀하다. 업무 결과를 문서로 체계적으로 정리하는 것보다 새로운 것을 탐색하는 것이 더 의미 있다고 생각한다. 이들에게는 불필요한 절차를 따르는 시간 낭비이기 때문이다. 스스로 세운 기준이 매우 높기 때문에 NT형 팔로워는 늘 불안감과 스트레스를 가지고 산다. 일 중독에 빠지기 쉽다.

| 호의적인 상황 | 비호의적인 상황 |
|---|---|
| - 주도적인 자기계발에 힘씀<br>- 간결하고 빠른 의사소통 방식<br>- 새로운 아이디어나 계획을 만들어냄 | - 성공에 집착하는 것처럼 보일 수 있음<br>- 타인과의 공감에 서툼<br>- 완벽주의적인 성향으로 실수를 용납<br>　하지 못함 |

### NT형 팔로워와 소통하는 리더에게

NT형 팔로워는 리더의 부정적인 피드백이 있더라도 감정적으로 받아들이기보다 오히려 별 반응이 없는 경우가 많다. 논리적이지 못하거나 명확한 근거가 없는 업무지시를 하는 리더는 NT형 팔로워에게 신뢰감을 형성하지 못한다. 이들과 업무를 한다면 지시 또는 피드백을 하기 전 논리적인 부분을 늘 체크하고 사소한 실수를 보이지 않도록 하자. NT형 팔로워는 논리와 타당성이 확보된다면 리더가 제시하는 방법을 받아들이고 협조적인 태도를 취하기 때문에 업무지시와 피드백에 참고해야 한다.

감정적인 동요가 별로 없는 NT형 팔로워는 조직에서 외톨이가 되기 쉽다. 하지만 존경하는 사람 또는 자기와 비슷한 지적 수준을 가졌다고 생각되는 사람과 의견을 나누는 것을 좋아하기 때문에, 리더와 NT형 팔로워가 지적 대화를 나눌 수 있는 관계가 된다면 업무적으로도 큰 시너지를 발휘할 수 있다. 완벽을 추구하는 NT형은 다른 사람의 칭찬을 쉽게 받아들이지 못하고 자기 의심이 많은 사람이므로 일상적인 업무에 대한 칭찬이나 상투적인 표현의 칭찬보다는 객관적인 표현을 곁들여 성과와 아이디어에 대해 피드백을 해주는 것이 좋다. 같은 지시사항을 반복적으로 하는 것을 참지 못하니 주의하자.

- 페이스북(현 메타)의 창립자인 마크 저커버그는 매우 열정적이고 자신감이 있으며, 새로운 아이디어를 생각하고 구현하는 것에 대한 열망이 강하였지만 사람들과 잘 어울리는 성향은 아니었다고 전해진다.
- 자기 발전과 성장에 많은 시간과 노력을 투자한 로버트 다우니 주니어는 창의적인 성향을 바탕으로 다양한 역할을 맡아 대중의 사랑을 받았다.
- 연기자에서 정치인으로 변신한 아놀드 슈왈제네거는 목표 달성을 위해 집중하여 노력하는 모습을 보였고 신념과 원칙을 굽히지 않았다. 눈에 띄는 카리스마와 리더십을 가지고 있다.

# NF형 팔로워: 따뜻한 마음씨의 공감대장

#자아실현 #너무소중한나 #의미부여 #낭만에대하여 #잠재력
#친하게지내요

조직 내에서 중요한 사람이면서 동시에 나의 자아도 지키기 원하는 NF형 팔로워는 감성적고 인간 중심적이며, 주변 사람들에게 감정이입을 잘한다. 이들은 사람들과 소통하고 싶은 욕구가 강하다. 이들은 타인과의 상호작용을 즐기며, 다른 사람들과 협력하며, 함께 일하면서 동료들의 감정을 이해하려고 노력한다. 대신 조직 내에서 대립 관계가 생긴다면 매우 불편하다. 서로의 대립이 발생했을 때 다른 사람들의 의견과 관점을 고려하고, 갈등을 회피하기보다는 해결책을 찾으려고 하는 편이다.

NF형 팔로워는 글을 통해 사람들을 설득하고 감동하게 하는 능력이 뛰어나다. 마음을 울리는 문장 표현과 말재주로 사람들의 관심을 끌어낼 수 있다. 또한 자신만의 생각을 가지고 일하는 경향이 있기 때문에 새로운 아이디어를 발견하고, 문제를 해결하는 방법을 찾아내는 데 능숙하다. 말을 잘하는 사람들이 많고 이들은 말이나 문장에서 독특한 표현을 많이 사용한다. 감정이입과 공감을 잘하기 때문에 다른 사람의 이야기를 잘 들어주고 동료들에게 인기가 많다.

일에 대해 스스로 의미를 부여하고 삶의 의미에 대해 중요하게 생각하는 NF형 팔로워는 '내가 하는 일이 나와 다른 사람들에게 끼치는 영향'에 집중하며 이를 바탕으로 완벽한 결과를 내고자 노력한다. NF형 팔로워는 다른 유형보다 집단적이며, 유대감을 형성하는 것을 선호하기 때문에 조직의 가치와 목표를 공유하며, 다른 사람들과 협력하여 목표를 달성하고자 노력한다. 눈에 보이는 것이 전부가 아니라고 생각하며, 다른 사람들의 잠재력을 끌어내는 것에 관심을 가지고 있다.

| 호의적인 상황 | 비호의적인 상황 |
|---|---|
| - 공감 능력이 탁월하고 세심함<br>- 동료들을 독려하여 동기부여 함<br>- 결과에 상관없이 과정 자체를 중시함 | - 관계중심적으로 공과 사의 구분이 어려울 때도 있음<br>- 사람들과 관계가 안 좋으면 스트레스로 발현<br>- 일의 의미에 지나치게 몰입함 |

### NF형 팔로워와 소통하는 리더에게

NF형 팔로워에게는 긍정적인 피드백이 동기부여로 작용할 가능성이 크다. 업무적인 칭찬뿐 아니라 개인적인 칭찬을 해주는 것도 좋다. NF형 팔로워는 자신의 발전과 잠재력에 의미를 두기 때문에, 발전된 부분 노는 성과에 대해 짚어준다면 큰 동기부여가 된다. 정기적으로 피드백을 주고받을 기회를 만드는 것도 NF형 팔로워의 소통 욕구를 충족시킬 수 있는 방법이다. 동료, 리더와의 상호교류 및 소통을 선호하는 NF형 팔로워의 참여를 끌어내기 위해서는 토론을 통한 의사결정과 같은 민주적 회의 방식을 추천한다. 서로 얼굴을 보며 대화할 수 있는 원형 자리 배치도 도움이 된다. NF형 팔로워는 긴장되는 분위기를 선호하지 않으며 공포심에 많은 자극을 받는다. 대화 중 큰 소리로 화를 내는 태도 또는 동료 간 지나친 경쟁을 유도하는 등의 강압적인 의사소통은 지양하도록 하자.

부정적인 평가를 가장 못 견뎌 하는 성격인 NF형 팔로워는 비판적인 피드백에 소심해지거나 크게 낙심한다. 이들은 리더가 내 생각과 감정을 이해해주는 것을 중요하게 생각하고 또 확인받고 싶어 한다. NF형 팔로워는 리더가 나를 신뢰하고 있다는 확신이 들면 그 기대에 부응하기 위해 노력하고, 이것은 업무 성과로 이어지므로 충분한 신뢰의 표현으로 마음을 전달하는 것을 추천한다.

리더가 너무 바쁘거나 팀 내 구성원의 숫자가 너무 많아 NF형 팔로워와 개별적인 피드백을 주고받기 어려운 상황이라면 업무 만족도가 떨어질 수 있다. NF형 팔로워를 위해 잠깐이라도 대화 시간을 내어 친근감을 표시해주고 우리 조직에 중요한 존재임을 인식시켜 주도록 하자.

- 창의적인 천재성과 독창성으로 유명한 존 레논은 예술적인 자유와 진보

  적인 사고를 지니고 있었다고 한다. 개방적이고 직설적인 성향의 존 레

  논은 솔직한 대화를 좋아했다.

- 유명 진행자인 오프라 윈프리는 사람들과의 친절하고 사교적인 성격을

  바탕으로 많은 사람과의 공감을 끌어냈다.

3부

조직 내에서
MBTI
활용하기

# 1

## 리더의 알잘딱깔센*
## 업무지시

'말하지 않아도 알아요. 그냥 바라보면… 음, 마음속에 있다는 걸.'

가볍게 던진 말 한마디로 리더가 원하는 방향을 척척 알아듣는 팔로워가 있다면 얼마나 좋을까? 하지만 이것은 상상일 뿐, 현실은 자료 수정의 무한 반복이다. 대체 내가 어디까지 이야기해주어야 할까? 왜 같은 말을 해도 팔로워마다 가져오는 결과물이 다른 것인지 답답할 때가 많다. 더 이상 알아서 해오기를 기대하지 말자. 머릿속에 있는 것을 정확히 표현해주는 업무지시는 리더가 갖추어야 할 매우 중요한 요소이다.

---

\* 알아서 잘 딱 깔끔하고 센스있게

리더가 윗사람이고 상사인데, 팔로워가 리더의 스타일을 맞추어야 하는 것이 당연한 일 아니냐고? 요즘 세상에 꼰대 소리 듣기 딱 좋다. 좋은 리더가 되고 싶다면 다양한 기질의 팔로워를 이해하고 그들이 탁월한 성과를 낼 수 있도록 다음 가이드에 맞추어 맞춤형으로 업무를 지시해보자.

## SJ형 팔로워에게 업무지시 하기

학창 시절 모범생을 연상케 하는 SJ형 팔로워는 책임감이 강하고 주어진 일을 긍정적으로 받아들이는 편이다. 리더가 어떤 업무 지시를 내려도 들어주려는 기본적인 자세를 가지고 있다. 또한 이들은 체계적인 프로세스를 가지고 업무를 처리하려고 하기 때문에 미리 계획을 세우고 움직인다. 본인의 계획대로 진행되지 않아서 스트레스를 받기보다는 예정에 없던 일이 생기는 것에 대한 불안감이 크다. 따라서 경영진의 수명업무, 현장 지휘, 영업 등 예측 불가능한 업무보다는 법무, 계약 관리, 고객 관리 등 주어진 시스템을 사용하는 관리형 업무에 더 많은 성과를 나타낼 수 있다.

SJ형 팔로워는 주변 사람에게 늘 예의 바르고 배려심 있는 모습으로 조직 내 신뢰가 두텁다. 신뢰 있는 이미지를 바탕으로 대외

활동을 하거나 회사를 대표한 프리젠터로서 두각을 나타낼 수도 있다. 그러나 변화보다 안정을 추구하는 성향으로 융통성이 부족할 수 있어 이를 보완하기 위한 리더의 코칭이 필요하다. SJ형 팔로위는 권위와 질서가 존중받는 조직 분위기 속에서 안정감을 느끼는 편이어서 수평적이고 자유로운 조직 분위기가 아직은 불편하다. 이들에게 의견을 구하고자 한다면 브레인스토밍처럼 자유롭고 편안한 분위기보다는 오히려 격식을 갖추어 체계적인 느낌을 주도록 하자.

- 업무지시나 피드백을 할 때 갑작스럽게 부르기보다는 미리 일정과 계획을 언급한다.

  ex) 이 대리, 잠깐 이리 와 봐!

  → 이 대리, 점심시간 지나고 두 시쯤 잠깐 업무 이야기 좀 할까?

- 전혀 새로운 방식의 업무를 해야 할 때는 구체적인 가이드라인을 제시한다.

- 동료 간 경쟁을 부추기는 방식은 역효과를 부를 수도 있다.

**웬만하면 둥글게 넘어가는 편이에요. 하지만 선은 지켜주세요**

SJ형 팔로위는 현재의 조직을 유지하고 지키는 것에 가치를 두고 있어 조직 내 규범과 절차 준수, 예절에 대해 민감하게 반응한다. 이들과 업무를 할 때는 기본적인 업무 예절을 잘 지켜야 한다. 직속 상사를 거치지 않고 업무가 내려오거나, 양해의 말 한마디 없이 당연한 듯 업무를 요청하는 행동은 조직 내 질서를 무시하는 것으로 느껴져 SJ형 팔로워의 반감을 살 수 있다.

이들에게 업무지시 또는 협조를 구해야 할 경우에는 가급적 조직 내 직급 질서 또는 결재 절차를 준수하는 것이 중요하다. 급한 업무여서 절차를 밟을 시간적 여유가 부족하다면 양해를 구하는 공손한 말로 SJ형 팔로워의 책임감을 자극하자. 기본적으로 SJ형 팔로워는 조직을 유지하고 조직 구성원으로서 헌신하는 성향을 가지고 있으므로 중요한 업무라면 두 팔 걷고 도움을 줄 것이다. 업무가 끝나고 리더가 감사의 말 또는 칭찬을 해준다면 SJ형 팔로워의 충성심은 더욱 커진다. 리더가 자신의 공을 알아봐 주었다는 표시는 타인과 조직에 헌신하고자 하는 SJ형 팔로워의 만족감을 높여줄 수 있기 때문이다.


**리더님! 필요한 사항은 제발 한 번에 모아서 말해주세요**

"아, 저기 이 대리! 어제 말한 거에 작년 3월 자료도 추가해줘!"

"아, 맞다. 내가 생각해보니까 현장 조사 보고서도 넣으면 좋을 것 같은데?"

SJ형 팔로워는 업무지시를 받으면 본인만의 체계와 일정에 따라 일을 진행해나간다. 중간에 예측하지 못한 상황이 생겨 일정의 변화가 생기는 것을 좋아하지 않고 이에 따라 전체적으로 업무가 틀어지면 큰 스트레스를 받는다. SJ형 팔로워에게 업무를 지시할 때는 가급적 한 번에 모든 필요사항을 이야기해주는 것이 좋다. 업무의 목적, 자료의 사용처, 업무 기한 등 최대한 필요한 것들을 모두 말하고 같이 있는 자리에서 정리하는 것을 선호한다. 추가 또는 수정하고 싶은 사항들이 있다면 중간 보고 자리를 만들어 함께 협의하는 형태를 갖추자. 업무 지시를 하면서 리더가 원하는 자료의 대략적인 형태를 가이드로 제시하면 SJ형 팔로워의 업무 진행에 큰 도움이 될 수 있다.

## SP형 팔로워에게 업무지시 하기

열정이 가득하고 에너지가 넘치는 SP형 팔로워는 조직의 분위기 메이커이다. 타고난 감각으로 새로운 것에 도전하는 것을 좋아하고 본인이 하고 싶은 일에는 자발적으로 나서 적극적으로 밀어붙이는 업무 스타일을 가지고 있다. SP형 팔로워는 같은 일이 계속 반복되면 싫증을 느끼는데, 반대로 지나치게 일정이 계획되어 있을 때에도 무척 답답해한다. 이들에게는 직무도 중요하지만 스스로 재미를 느끼는 것이 아주 중요하다. 따라서 리더의 생각을 일방적으로 전달하기보다는 스스로 업무의 필요성과 재미를 느낄 수 있도록 동기부여 하는 리더의 스킬이 필요하다. 자유롭고 활동적인 SP형 팔로워의 성향을 고려하였을 때, 책상 앞에서 고민하며 전략을 짜는 것보다는 현장에 나가 오감으로 느끼고, 문제를 즉시 해결하며 행동하는 업무에서 성과를 발휘할 수 있다. 성향에 따라 본인의 관심사 외에는 무관심한 경우도 있어 조직 내에서 서로 공감하는 커뮤니케이션을 할 수 있도록 지속해서 관심을 가져야 한다.

- 세부적인 것들까지 지시하지 말고 자율성에 맡기는 방식을 택한다.

  ex) 이번 주 안으로만 주면 되는데, 완성되는 대로 편하게 와서 얘기해줘.

- 이들이 가지고 있는 호기심과 독창적인 감각을 활용할 방법을 찾아준다.

**나만의 방식을 존중해줄 리더 어디 없나요?**

'아니, 이렇게 정해진 대로 해야 하면 본인이 직접 하지 왜 나한테 시켜?'

정해진 절차와 방식이 답답한 SP형 팔로워와 일할 때는 이들만의 독창적인 방법을 활용할 수 있도록 맡기고 지켜보는 리더의 인내심이 필요하다. SP형 팔로워는 리더의 관심을 간섭이나 통제로 생각할 수 있는 성향이기 때문에, 원하는 방향성과 납기일 정도를 제시한 후 세부적인 내용은 스스로 해나갈 수 있도록 지켜보는 방식을 추천한다. 리더는 독창적인 아이디어를 바탕으로 문제를 재치 있게 해결하는 SP형 팔로워의 장점을 잘 끌어낼 수 있도록 유도해야 한다. 이들과 대화할 때는 자유로운 분위기를 연출하는 것이 효과적이다. 즐거워 보이는 SP형 팔로워이지만 부정적인 피드백에 누구보다 쉽게 상처받는 성향이므로 이들의 창의적인 해결 방식을 칭찬하는 긍정적인 피드백을 많이 해주자.

### 재미가 없다면 아무 의미가 없어요

SP형 팔로워는 도전과 호기심, 현재의 즐거움 등으로 설명할 수 있는 행동파이다. 이들을 움직이기 위해서는 흥미를 끌 수 있는 요소가 필요하다. 마음이 맞는 사람끼리 프로젝트를 할 수 있도록 매칭해주어 시너지를 낼 수 있도록 하는 것도 좋다. SP형 팔로워는 일할 때 본인의 자발적 의지가 매우 중요하기 때문에 리더는 이들을 동기부여 할 수 있는 요소가 무엇인지 고민해야 한다. 상을 수여하거나 인센티브를 주는 등 적절한 경쟁을 유도하며 SP형 팔로워가 자발적으로 움직일 수 있도록 눈에 보이는 포상을 제시하는 것도 좋은 방법이다.

## NT형 팔로워에게 업무지시 하기

언뜻 보면 차갑고 까칠하게 느껴질 수도 있는 NT형 팔로워는 감정보다는 '사고'를 중요하게 생각한다. 전문가로 검증된 사람들의 의견을 신뢰하며 일할 때 친분이나 인간적인 면모보다는 전문지식과 업무 실력을 중요시한다. NT형 팔로워 자신도 실력과 전문지식을 쌓기 위해 끊임없이 노력하며 자기 생각에 대한 자신감을 가지고 있다. 소통에 있어서는 자기 방어적인 모습을 보이기도 하고, 비판적인 사고를 가지고 있기 때문에 일방적인 업무지시에 불편함을 드러내는 경우도 발생할 수 있다. 자신이 옳다고 믿는 의견은 잘 바꾸지 않는 편이고, 이를 밀어붙이는 모습으로 인해 강압적으로 보이기도 한다.

업무에 대해서는 완벽을 추구하며 목표 달성을 위해 최선을 다한다. 조직 내에 존재하는 여러 절차와 형식에 대해 '겉치레'로 인식하는 경향이 매우 강하다. 이들은 전통적인 조직의 모습과 업무수행 방식에 대한 비판적인 시각을 가지고 있다. 독립적인 성향으로 프로그램 개발이나 연구, 전문기술직에서 성과를 보일 수 있다. 전통적인 업무수행 방식에 대한 비판적 시각, 상황에 대한 통찰력을 보유하고 있어 사업/마케팅 전략, 조직 혁신 등의 업무에도 적합하다.

- 수직적인 조직문화와 전통적인 규범, 절차, 규칙에 대해 거부감이 있을 수 있다.
- 지적으로 자극을 주는 업무 환경에서 좋은 성과를 낼 수 있다.
- 논리적인 성격을 가지고 있지만 실행까지는 꽤 오랜 시간이 걸리는 편이다.

## 의미 없는 절차와 규칙을 강조하기보다 빠른 의사소통으로 업무를 추진하기

빠른 의사소통을 선호하는 NT형 팔로워는 직장 내에서 가지고 있는 불필요한 절차와 규칙에 대해 반감이 있다. 좋은 아이디어를 가지고 있는데 절차와 규칙 때문에 시간이 소요된다면, 그들은 매우 불편해한다. 리더는 본인의 권한을 활용하여 조직 내 절차를 간소화할 수 있는 방법을 찾아보자. 특히 정해진 대로 진행해야 하는 업무는 NT형 팔로워의 흥미를 끌기에 어려움이 있으므로 이들의 도전정신을 발휘하고 주도적인 성향을 활용할 수 있는 새로운 유형, 새로운 내용의 프로젝트를 맡기면 성과를 낼 수 있다. 또한 NT형 팔로워는 스스럼없이 의견을 낼 수 있는 조직 분위기에서 본인의 강점을 잘 발휘할 수 있으므로 자유로운 토론이나 브레인스토밍을 통해 개방적인 의사소통을 할 수 있는 자리를 만들어주도록 하자.

**업무적으로 존경할 수 있는 사람이 있다면 좋은 동기부여의 요소**

NT형 팔로워에게는 자신의 업무 능력을 증명하고 객관적으로 인정받는 것이 중요하다. 이들에게 효과적으로 업무를 지시하기 위해서는 먼저 리더의 업무 실력이 검증되어야 한다. 리더가 본인보다 실력이 뛰어나다는 판단이 들면 NT형 팔로워는 자연스럽게 리더와 함께 일하는 것을 즐거워하게 될 것이다.

## NF형 팔로워에게 업무지시 하기

업무를 하면서도 주변 사람들을 배려하고 긍정적인 관계를 유지하고자 하는 NF형 팔로워는 조직의 화목함에 가치를 두고 있다. 조직 내에서 존중, 인정받고 싶은 NF형 팔로워에게 동료 및 리더와의 인간적인 상호작용은 동기부여가 되어 일에 몰입할 수 있게 도와준다. NF형 팔로워는 함께 일하는 사람들과 소통하는 것에 의미를 부여하는 성향으로, 조직에 갈등이 있을 때 원인을 빠르게 파악할 수 있는 장점을 가지고 있다. 따뜻한 성품과 다정한 태도로 주변 사람들에게 호감 있는 이미지를 주는 NF형 팔로워는 조직을 전반적으로 지원하는 업무나 협상, 중재 등 커뮤니케이션을 활용할 수 있는 업무에 적합하다.

- 소통하고 협업할 수 있는 업무를 맡기자.
- 배려와 공감을 우선 가치로 가지고 있으니 존중하는 태도를 보여주자.
- 장기적 비전을 제시해주고, 가치 지향적인 업무를 부여한다.

### 동료들과 함께하는 일에 역량을 발휘하며 즐거워해요

NF형 팔로워는 공감 능력이 뛰어나 주변 동료들의 사정을 잘 이해하고 이들을 돕는 것을 기꺼이 즐거워하는 성향이다. 서로 경쟁하는 치열한 조직의 모습에 적응하기 어려운 경우가 많기 때문에 경쟁의 형태보다는 팀플레이 프로젝트를 통해 상대에 공감하고 소통하는 NF형 팔로워의 장점을 살릴 수 있도록 하자. 특히 NF형 팔로워는 주변 사람들에게 관심이 많고 각자의 장점과 잠재력을 발휘하는 데 큰 도움을 줄 수 있다. 문제해결을 위해 적재적소의 사람들과 소통할 수 있어 타 부서와의 협업이 필요한 업무에 투입하면 더 많은 성과를 낼 것이다. 이들은 상대방을 관찰하는 것이 습관화되어 있어 리더가 세세하게 지시하지 않아도 업무 프로세스와 협업 대상자를 금방 파악하여 실행에 옮긴다. 기본적인 상황 대처 능력이 뛰어난 NF형 팔로워에게는 스스로 판단하고 업무를 진행할 수 있도록 자율성을 보장해주면 좋다.

사람에 대한 이해심과 공감 능력이 뛰어난 NF형 팔로워는 다른 사람을 배려해주기 바쁘다. 상대방을 곤란하게 할 바에는 차라리 내가 헌신하는 것이 낫다고 생각하는 경우가 많은데, 업무적으로 어려운 상황에 부닥쳤을 때 리더가 나서서 도움을 주는 것도 NF형 팔로워에게 힘을 실어주는 방법 중 하나다. NF형 팔로워가 다른 동료들에 비해 많은 양의 일을 떠맡고 있지는 않은지, 유관 부서에 업무 요청을 할 때 어려운 점은 없는지 뒤에서 꼼꼼하게 챙겨주는 방법도 좋다.

또한 NF형 팔로워는 도덕적이고 윤리적인 면에서 아주 엄격한 기준을 가지고 있다. 이들에게 리더로서 신뢰받기 위해서는 업무에서는 물론이고 개인적인 부분에서도 윤리적인 요소에 위배되는 모습을 보이지 않도록 주의해야 한다.

# 2

# MBTI와
# F.A.C.T. 피드백

조직에서 리더는 다양한 팔로워들을 만나 면담과 피드백을 실시해야 한다. 팔로워들의 성향을 알지 못하는 상황에서 모든 사람에게 동일한 방법으로 진행하는 면담과 피드백은 오히려 역효과를 가져오기도 한다. 지혜로운 리더라면 팔로워의 기질을 이해하고, 성향에 맞는 면담과 피드백을 진행할 필요가 있다.

본 장에서는 피드백 저서인 《굿 피드백》(최원설, 주민관 등)에서 제시한 F.A.C.T. 피드백 기법을 통해 팔로워의 유형에 따라 강조해야 할 피드백 스킬을 논의하고자 한다. 《굿 피드백》에서는 좋은 피드백을 만드는 구성 요소로 첫 번째, 조직 관점에서는 두려움 없는 조직문화 Fearless, 두 번째로 구성원 관점에서는 수용가능한 피드백 Acceptable, 세 번째로 리더 관점에서는 솔직함 Candid, 그리고 마지막으로 필수적 요소로 피드백 타이밍 Timely를 도출하여 이를 'F.A.C.T.'로 정리했다.

## Fearless(두려움 없는 조직 내 피드백):
## SP형 팔로워를 위한 피드백

피드백을 위한 환경 조성으로 두려움 없는 조직문화가 필요하다. 리더는 조직 구성원의 신뢰와 심리적 안정감의 기반이 된 상태에서 피드백해야 한다. 이러한 특징은 외부 오감을 활용해서 정보를 습득하고, 최대한 개방성을 가지고 의사결정을 유보하는 SP형 팔로워와의 피드백에서 더욱 요구된다. 이들과의 피드백은 최대한 자유로운 분위기에서 이뤄지는 것이 좋다. SP형 팔로워는 서로 관계가 좋고 즐거운 분위기에서 피드백이 진행되기를 원하며, 다양한 의견을 두려움 없이 말하는 분위기를 선호한다.

### Fearless 피드백을 위한 Tip

1. 리더가 정답이 아닐 수도 있다는 사실을 인정하자.
2. 진심을 담은 인정과 공감으로 대화를 시작하자.
3. 가벼운 대화(스몰토크)를 많이 나누도록 독려하자.

1. 리더는 교정적 피드백을 하기를 두려워하지 말자.

2. 단기적 성과보다는 장기적 관점도 언제나 견지하자.

3. 면담, 피드백 이전에 두려움 없는(심리적 안정감 있는) 조직문화 구축

에도 힘쓴다.


## Acceptable(구성원에게 수용 가능한 피드백): SJ형의 팔로워를 위한 피드백

구성원이 수용할 수 있는 피드백이 필요하다. 이를 위해 팔로워 개인에 대한 관찰, 관심으로부터 사실 기반으로 피드백해야 한다. 또한 기본적으로 팔로워에 대한 인정과 칭찬으로부터 피드백을 시작해야 한다. 이러한 특징은 외부 오감을 활용해서 정보를 습득하고, 최대한 빠르게 의사를 결정하는 SJ형의 팔로워와의 피드백 과정에서 더욱 요구된다.

이들과의 면담 및 피드백은 최대한 구체적이어야 한다. 데이터 중심의 자료를 제공해야 하고 성과 위주로 빠르게 결정되어야 한다. 사전에 충분한 메너와 정보를 준비하여 최대한 현재 현안에 대해 여러 객관적인 근거를 제시하면서 면담을 진행해야 한다.

### Acceptable 피드백을 위한 Tip

1. 긍정적 성과에 초점을 맞춰 보자.

2. 단정적으로 먼저 판단하지 말자.

3. 과제와 사람을 분리해서 생각하자.

4. 교정적 피드백이 필요한 경우를 적절하게 해야 한다.

### Acceptable 피드백에서 더 추가할 부분

1. 교정적 피드백을 위한 고급 스킬(관찰 센스, 감정 센스, 말 센스, 질문 센스, 경청 센스[센스별 구체적 스킬은 《굿 피드백》 참고])를 향상시킨다.

2. 상대방 입장에서 생각하는 습관을 갖는다.

3. 객관적이라는 것이 때론 매우 주관적일 수 있다고 생각해본다.

## Candid(리더의 솔직한 피드백): NF형의 팔로워를 위한 피드백

리더는 피드백할 때 최대한 솔직한 자세를 유지해야 한다. 《실리콘밸리의 팀장들》이란 책에서 이를 '완전한 솔직함'이라고 표현하였다. 진정성을 가지고, 구성원의 성장을 바라는 마음에서 피드백을 해주어야 한다. 이러한 피드백은 내부 육감을 통해 정보를 습득하고, 개인적인 느낌, 가치관에 따라 의사를 결정하는 NF형 팔로워와의 면담에서 더욱 필요하다.

NF형의 팔로워는 구성원의 관계 형성, 성장 등에 관심이 많기 때문에 다른 유형에 비해 리더의 솔직한 대화가 요구된다. NF형의 팔로워는 기존과는 다른 방식의 면담, 피드백을 선호한다. 서로 충분히 경청하는 분위기에서 의견을 존중하고, 보다 회사가 가치 있게 변화는 방향으로 결론을 내리려고 노력해야 한다.

### Candid 피드백을 위한 Tip

1. 팀원의 문제를 외면하지 말자.

2. 솔직함과 불쾌한 공격을 구분하자.

3. 한국에서는 모든 순간 '완전한 솔직함'은 불가능하다는 것을 인정하자.

### Candid 피드백에서 더 추가할 부분

1. 솔직함은 리더의 자신감과 겸손함에서 시작함을 인지한다.

2. 고맥락 대화보다는 저맥락 대화를 적극적으로 활용하여, 자세히 피드백한다.

3. 불쾌하고 무례한 지적은 언제나 지양한다.

## Timely(적절한 시기의 피드백): NT형의 팔로워를 위한 피드백

모든 피드백은 적절한 타이밍이 중요하다. 일상적으로 하는 피드백은 정기적이면서 자주 시행하는 것이 좋다. 업무적으로 해결해야 할 피드백은 즉각적으로 필요한 것과 지연해야 할 것을 구분한다. 특히 교정적 피드백은 지연을 고려해야 하며, 팔로워의 특성과 심리적, 지적 상태에 따라 타이밍을 맞추어야 한다. 적절한 시기의 피드백은 내부 육감을 통해 정보를 습득하고, 논리적 분석에 따라 의사결정을 내리는 NT형의 팔로워에게 매우 중요하다.

NT형의 팔로워는 본인의 내부적인 능력을 바탕으로 새로운 것, 미래의 일을 구상하고 창조하는 이야기를 선호한다. 이들은 즉각적으로 해결해야 하는 안건보다 장기적인 관점, 개선과 혁신의 방향 등에 대해 논의하고 기존과 다른 새로운 결과를 만들어 내는 것에 뛰어나다. 따라서 장기적 관점과 단기적 관점을 구분하여 단기적 관점은 바로 피드백하고, 장기적 관점은 전문성을 기반으로 해서 피드백의 시점을 지연하는 것이 필요하다. 적절한 타이밍을 바탕으로 하는 피드백은 NT형 팔로워의 혁신과 장기적 관점의 변화에 도움이 될 것이다.

## Timely 피드백을 위한 Tip

1. 가볍게! 즉시 피드백하자(특히 지지적 피드백의 경우).

2. 심리적 지적 상태에 따라 유연하게 전달하자.

3. 상시 피드백을 통해 자주, 언제나 피드백하자.

## Timely 피드백에서 더 추가할 부분

1. 교정적 피드백의 경우 적절한 타이밍의 지연을 고려한다.

2. 초기 지식이 없는 사람은 즉시, 초기 지식이 있는 경우 지연된 피드백을
   시행한다.

3. 지지적 피드백, 교정적 피드백 모두 상시로 수행한다.

# 3

# 팔로워의
# 취존* 보고 센스

'보고로 시작하여 보고로 끝난다'라는 말처럼 직장생활은 보고
의 연속이다. '어떤 사람에게 보고하러 가느냐'를 먼저 생각해보
자. 보고를 해야 하는 팔로워의 입장이라면 보고의 내용이 무엇인
지 상관없이 만나기 전부터 근심걱정이 가득해지는 리더가 있는
반면, 대화하듯 편안하게 만날 수 있는 리더가 있다. 이것은 리더
십의 차이라기보다는 리더가 선호하는 보고 스타일의 차이로 발
생하는 어려움 중 하나이다. 같은 음식을 먹더라도 나에게는 맛있
게 느껴지지만, 어떤 누군가의 입에는 맞지 않는 것처럼 리더마다
선호하는 보고의 형태, 경향성이 있기 때문이다.

* 취향 존중

'내용이 중요하지 스타일까지 맞춰야 해?' '보고'는 보고를 받는 사람의 입장에서 전달해야 한다. 리더가 어떤 유형의 보고를 원하는지 아는 것은 우리의 보고에 날개를 다는 것과 같다. MBTI 4가지 기질에 따라 선호하는 보고의 경향성을 알아보자.

## SJ형(관리형) 리더에게 보고하기

**#엄근진(엄격, 근엄, 진지) #백데이터,근거자료는 선택이 아닌 필수 #문서보고 선호**

SJ형 리더는 조직 내에서 높은 업무 기준과 책임감을 중요하게 생각하는 만큼 보고할 때도 정해진 규칙과 프로세스를 지키는지 살핀다. 사내의 전통적인 보고서 양식과 프로세스를 지키는 것이 좋으며, 서론과 배경을 전하는 것보다 핵심 위주로 두괄식 메시지를 전달해야 한다.

서술형보다 단계별로 구분된 자료를 좋아하며, 사실적이고 구체적인 자료(통계자료, 레퍼런스, 타사 사례)를 활용한 논리적인 주장을 원한다. SJ형 리더들은 평소 신중하고 사소한 것들도 놓치지 않는 꼼꼼함이 있는 만큼, 보고 이후 즉각적인 판단과 결정을 내리지 않고 시간을 두고 심사숙고하는 편이다.

# 워크숍 기획안

**1. 목적** : 전사 하반기 사업 방향 공유 및 팀별 연간 사업 계획 발표,
발전 방향 토론, 사업 추진 개선 방향 도출

**2. 장소** : OO리조트 다이아몬드홀

**3. 일시** : 2023. 7.6 14:00 ~ 7.7 13:00

**4. 세부 일정**

| 시간 | | 세부 내용 | 준비물 | 기타(담당부서) |
|---|---|---|---|---|
| 1일차 | 14:00-15:00 | 사전 준비 : 회의실 오픈, 장소 정리, 자리 배치 등 | 빔프로젝트 부서 발표 자료 | 기획팀 |
| | 15:00-15:30 | 모두 발언 및 워크숍 안내 | | 본부장 |
| | 15:30-18:00 | 사업계획 발표 및 Q&A | | 팀별 30분 |
| | 18:00~ | 석식 및 단합의 시간 | 부페 사전 세팅 | 사회자 섭외 |
| 2일차 | 09:00-10:30 | 회사 전사 방향 공유 | | 기획팀 |
| | 10:30~12:00 | 자유 토론 및 워크숍 | | |
| | 12:00~ | 중식 및 해산 | | |

\* 발표 순서는 사전 공지 예정, 일정은 현지 상황에 따라 다소 변동 가능

**5. 각 부서 사전 준비 사항**
- 2023년 하반기 사업 계획안 본부장에게 사전 제출 : 기한 6.10일
- 본부장과 협의를 통해 확정된 사업 계획의 주요 내용을 발표
- 발표 자료는 형식, 디자인보다는 내용 전달에 목적을 가지고 준비 바람

# SP형(위임형) 리더에게 보고하기

**#개방성 #중간보고는 선택이 아닌 필수 #구두보고도 OK**

상황과 환경에 얽매이지 않고 변화를 끌어내는 SP형 리더들은 격식을 갖추기보다 자연스럽고 편안한 형태의 보고를 선호한다. 직설적인 단어와 메시지를 즐겨 사용하는 만큼, 많은 양의 보고서보다 간결하고 효율적인 보고가 좋다. 상황에 따라 조직 내에서도 전통적인 형태의 문서를 넘어 다양한 협업 툴을 빠르게 적용하는 모습을 찾아볼 수 있다.

보고의 내용 면에서도 일반적이고 형식적인 것 보다 도전적이고 실용적인 내용을 선호하며 사후 결과 보고의 형태보다는 상시로 소통되며 중간에 조율될 수 있는 유기적인 보고 형태를 지향한다.

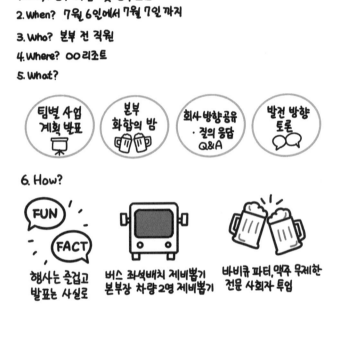

본부 워크숍

1. Why? 본부 화합 및 친목 도모
2. When? 7월 6일에서 7월 7일 까지
3. Who? 본부 전 직원
4. Where? ○○ 리조트
5. What?

팀별 사업 계획 발표

본부 화합의 밤

회사 방향공유 · 질의 응답 Q&A

발전 방향 토론

6. How?

FUN FACT
행사는 즐겁고 발표는 사실로

버스 좌석배치 제비뽑기 본부장 차량 2명 제비뽑기

바비큐 파티, 맥주 무제한 전문 사회자 투입

# NT형(혁신형) 리더에게 보고하기

**#보고의끝판왕 #치열한Q&A #프로다운모습은 선택이 아닌 필수**

직관과 사고가 돋보이는 NT형 리더는 가장 질문이 많은 유형으로, 보고에 철저한 사전 준비가 필요하다. 예상 질문에 대비하여 충분히 준비하되, 보고서의 분량은 명료하게 한 페이지로 정리하기를 추천한다. NT형 리더는 혁신적이고 파격적인 제안도 적극적으로 경청하며 검토하는 개방성을 보이기도 한다. 도전적 성향이 강해서 보고의 내용에서도 창의적인 의견과 새로운 관점이 담겨 있기를 기대한다.

NT형 리더는 전문성과 경쟁력을 중요하게 생각한다. 내용은 물론이고 보고에 임하는 보고자의 모습과 태도에 신뢰를 줄 수 있도록 말하는 방법과 제스처, 자세 등의 비언어적인 요소를 점검하자.

# 사업 개선 워크숍

**1. 장소 및 일정** : ○○콘도, 2023. 7. 6  14:00 ~ 7.7  13:00

**2. 실시 목적 및 기대효과**
 - 2023년도 상반기 사업 성과 공유 : 2023년도 상반기 사업성과를
   회고하고 본부 내 직원들에게 … … …
 - 2023년도 하반기 사업계획 발표 : 2023년도 하반기 사업계획을
   구체적으로 제시하고, 이를 통해 … … …
 - 임직원 친목 도모 : 2023년도 상반기 각자의 업무 영역에서
   최선을 다한 노고 차하. 또한 … … …

**3. 기존 워크숍 개선 사항**
 - 사전에 계획안 완성, 본부장 협의 후 제출
 - 회사 사업방향 공유로 끝나는 것이 아니라 … … …
 - 친목 도모를 위해 본부 다양한 사람들과 만남 추구

**4. 세부 일정 개요**

| 일시 | 세부 내용 | 준비사항 |
|---|---|---|
| 1일 14시 ~ 18시 | 부서별 사업계획 발표 | 사업 계획서 |
| 1일 18시 ~ | 회식 및 회사 개선/건의 사항 수렴 | 개선/건의 사항 |
| 2일 09시 ~ 12시 | | 개선 사항 |

# NF형(코치형) 리더에게 보고하기

**#사람중심 #자연스러움 #비유와 예시가 있으면 좋아요**

조직 내에서도 자신의 색이 뚜렷하게 드러나는 NF형 리더들은 개인의 기호가 명확한 편이다. 하지만 리더의 기호에 구성원이 억지로 맞춰 주기를 원하지 않고 구성원들의 개성을 존중하기 때문에 독창적이고 창의적인 것을 원한다. NF형 리더는 보고의 내용과 관계된 구성원 및 보고자에 대해서도 관심이 많다. 소통과 상호작용을 선호하는 리더이므로 격식을 갖춘 보고보다 자연스럽고 편안한 형태의 보고를 취하도록 하자. 사례와 비유를 들어보고 내용을 구성하였을 때 효과적이며 4가지 유형 중 도표 및 데이터에 대한 선호도가 가장 낮게 나타난다.

# 화합의 장

## 1. 개요

| 날짜 | 2023. 7. 6 ~ 7 | 대상 | 본부 전직원 |
|------|----------------|------|------------|
| 장소 | OO 리조트 | 담당 | 기획팀 OOO |

## 2. 기대효과

- 임직원 간 친밀감 형성
- 단결/화합 통한 일체감 고취
- 회사에 대한 자긍심 고취
- 2023년 하반기 성공적 사업추진

## 3. 조 구성

| 조 | 구성원 | 인원수 | 비고 |
|----|--------|--------|------|
| 1 | 김민수, 이상준, 최샛별, 박미소… | 7 | |
| 2 | 양선미, 박준혁, 조하늘, 송동균… | 6 | 본부장님 |
| 3 | 박에스더, 이철, 최지선 … | 6 | 실장님 |

## 4. 경기 종목 및 진행

**족구**
- 팀구성 : 6명
- 15점 단판
- 준비물 : 배구공 조끼

**발야구**
- 팀구성 : 6명
- 3회 까지
- 준비물 : 배구공 조끼

**배드민턴**
- 팀구성 : 2명
- 남여혼성
- 3판 2승
- 배드민턴용구

**이어달리기**
- 팀구성 : 4명
- 남여혼성
- 2인3각
- 노끈, 바턴

**단체줄넘기**
- 팀구성 : 6명
- 3회
- 준비물 : 줄넘기

# 4

# 회의실에서 나타나는
# 당신의 스타일

조직의 일상은 회의의 연속이다. 간단하게 업무 방향을 정하는 회의부터 연간 계획 수립 등 중요한 의사결정을 하는 회의까지 다양하다. 회의를 진행하다 보면, 서로의 의견이 달라서 갈등이 발생하기도 하지만, 우리가 깨닫지 못하는 서로 간 기질의 차이 때문에 회의가 어렵게 느껴질 때도 있다. 유형별 회의 스타일의 특징을 이해하고 알맞게 대응해보자.

## SJ형 회의 스타일

| 선호하는 회의 | 선호하지 않는 회의 |
|---|---|
| - 정보와 구체적인 데이터 중심<br>- 성과 중심의 논의<br>- 상식적이고 충동적이지 않은 회의 진행<br>- 신뢰가 있는 대화 진행 | - 논리와 근거가 없는 경우<br>- 새로운 결정에서 근거 제공이 부족한 경우<br>- 의사결정에 융통성을 강조하는 경우<br>- 일어나지 않은 일, 미래일에 대해 안건 |

SJ형은 외부 오감을 활용해서 정보를 습득하고, 의사결정의 속도가 빠른 유형이다. 구체적인 데이터 중심의 자료가 제공되는 회의를 원하고 성과 위주의 빠른 결정을 선호한다. SJ형과의 회의에서는 충분한 데이터와 정보를 준비하고 회의에 참석해야 하며, 빠르게 의사결정을 할 수 있도록 지원하는 것이 필요하다. 설득이 필요하다면 최대한 현재 현안에 대해 객관적인 근거를 제시해야 한다.

SJ형과 현재가 아닌 미래의 일에 대해 회의를 한다면 다른 유형보다 더 오랜 시간이 필요하다. 구체적으로 그려지지 않는 사안이라면 최대한 자세한 설명으로 이미지를 떠올릴 수 있도록 해야 한다. 또한 의사결정 시 너무 융통성을 요구하지 말아야 한다. 최대한 규정과 원칙, 프로세스에 준해서 의사결정을 해야 하며, 융통성이 필요한 경우라면 합리성, 객관성의 논리로 이야기해서 설득해나가야 한다.

## SJ형과의 회의에서 기억해야 할 5원칙

1. 데이터와 객관적 사실을 근거로 접근한다.

2. 현재 성과 중심으로 구체적인 대화를 한다.

3. 의사결정은 합리성, 객관성 중심으로 설득한다.

4. 미래의 일은 더 많은 시간을 가지고 논의한다.

5. 너무 이상적이거나, 모호한 이야기는 최소화한다.


## SJ형을 보완해줄 수 있는 회의 핵심 Tip

1. 개방된 결론에 도달할 수 있도록 더 자유롭게 토론을 유도한다.

2. 모호한 내용에 대해 더 관심을 가지도록 경청하고 의견을 내도록 적극

   적으로 요청한다.

3. 명확하지 않은 방향의 경우, 보다 융통성 있는 결론에 도달하도록 설득

   한다.

## SP형 회의 스타일

| 선호하는 회의 | 선호하지 않는 회의 |
|---|---|
| - 서로 관계가 좋고 즐거운 회의<br>- 합의점이 잘 도출되는 회의<br>- 구성원끼리 잘 결정하는 분위기<br>- 다양한 의견을 자유롭게 말할 수 있는<br>　분위기 | - 명확한 답을 바로 요구하는 경우<br>- 성과가 바로 필요한 안건들<br>- 결론이 안 나오면 끝나지 않는 회의 |

SP형은 외부 오감을 활용해서 정보를 습득하고, 개방성을 바탕으로 최대한 의사결정을 유보하는 유형이다. 이들은 최대한 자유로운 분위기에서 하는 회의를 좋아한다. 자유롭게 의견을 내고, 서로 원활하게 합의하면서 결론을 짓는 방식을 선호하기 때문에 서로 만족할 만한 수준으로 융통성 있게 결정하는 회의로 흘러가는 경우가 종종 있다.

SP형이 이번 회의에서 결론을 내지 않고 다음에 다시 회의를 요청하고자 한다면, 필요에 따라서 지금 결론을 지을 수 있도록 유도할 필요가 있다. 만약 그 안건이 중요하고 매우 시급한 건이라면, 무거운 분위기가 발생하더라도 강하게 피력하여, 합의점을 좁혀 나가야 한다. 모호한 답을 명확한 의견으로 정리하고, 서로 다시 확인하는 과정을 거치면 도움이 된다.

## SP형과의 회의에서 기억해야 할 5원칙

1. 관계가 좋고 즐거운 분위기에서 대화한다.

2. 구성원들이 자유롭게 말할 수 있는 분위기를 조성한다.

3. 한 사람이 결정하는 것이 아니라, 서로의 의견을 충분히 반영하여 결정한다.

4. 정해진 답을 제시하기보다는 열린 답을 전제로 회의한다.

5. 시간적 여유가 있는 경우 다시 회의 자리를 만든다.


## SP형을 보완해줄 수 있는 회의 핵심 Tip

1. 중요하고 시급한 안건이라면 미루지 말고 최대한 결론을 같이 내린다.

2. 서로가 좋은 결과보다 조직의 성과 창출 중심으로 결론에 도달하도록 주지시킨다.

3. 상황에 따라 무거운 분위기도 필요하다는 것을 설득하고, 진행한다.

# NT형 회의 스타일

| 선호하는 회의 | 선호하지 않는 회의 |
|---|---|
| - 새로운 혁신을 추구하는 회의<br>- 거시적 관점, 장기적 관점의 회의<br>- 기존에 없던 것을 만드는 안건<br>- 전문성 기반의 발언 | - 즉각적인 실천을 요구하는 안건<br>- 분위기만 좋고 결론이 없는 회의<br>- 결과를 내지 않고 끝나는 회의 |

    NT형은 내부 육감을 통해 정보를 습득하고, 논리적 분석에 따라 의사결정을 하는 유형이다. 이들은 본인의 내부적인 능력을 바탕으로 새로운 것, 미래의 일을 구상하고 창조하는 회의를 선호한다. 즉시 해결해야 하는 안건보다는 장기적인 관점, 개선과 혁신의 방향 등에 대해 논의하고 기존과 다른 새로운 결과를 만들어내는 것을 좋아하는 NT형은 상대의 의견에 전문성이 없는 경우 무시하거나, 비판하는 경우가 많다.

    NT형은 곧바로 실천해야 하는 일상적인 안건 중심의 회의에서 흥미를 잃기 쉽다. 서로 분위기만 좋고 아무것도 도출하지 못하는 회의도 몹시 싫어한다. 서로 치열한 논쟁과 전문적 역량을 통해 새롭고, 발전적인 결론에 도달하는 것이 NT형이 원하는 회의의 모습이다.

## NT형과의 회의에서 기억해야 할 5원칙

1. 본인 분야의 전문성을 바탕으로 토론한다.

2. 새로운 지식, 정보를 꾸준히 제공한다.

3. 거시적 관점, 장기적 관점으로 이야기한다.

4. 기존에 없던 새로운 것 또는 개선하는 방향을 이야기한다.

5. 혁신적인 방안으로 결과물을 도출한다.


## NT형을 보완해줄 수 있는 회의 핵심 Tip

1. 장기적 관점 및 개선 사항과 함께, 바로 실천해야 할 일상적인 것들도

   논의한다.

2. 너무 무거운 분위기만으로 흘러가지 않게 즐거운 분위기도 조성하려고

   노력한다.

3. 무조건적인 비판보다는 상대방의 의견을 인정하는 것도 중요하다는 것

   을 강조한다.

# NF형 회의 스타일

| 선호하는 회의 | 선호하지 않는 회의 |
| --- | --- |
| - 자신과 상대방이 성장하는 회의<br>- 서로의 의견을 충분히 경청하는 회의<br>- 서로의 관계를 존중하는 회의<br>- 다른 부서, 사람들과 다른 형태, 안건<br>  의 회의 | - 매번 똑같은 회의<br>- 단순하게 순응을 강요하는 사안<br>- 한 사람의 의해 결정되는 회의 |

NF형은 내부 육감을 통해 정보를 습득하고, 개인적인 느낌과 가치관에 따라 의사를 결정한다. 회의를 통한 구성원과의 관계 형성, 서로의 성장 등에 관심이 많으며 기존과는 다른 방식의 회의 진행을 원한다. 서로 충분히 경청하는 분위기에서 의견을 존중하고, 보다 회사가 가치 있게 변화는 방향으로 결론을 내리려고 할 것이다.

무조건 따라야 하는 사안에 대한 회의는 NF형에게 큰 반항으로 이어질 수 있다. 한 사람의 의견 중심으로 결정되는 회의 역시 매우 부정적으로 인식한다. 매주 반복되는 특이점 없는 회의, 회의를 위한 회의, 의미 없이 하는 회의 등은 NF형에게 동기부여가 되기 어렵다.

## NF형과의 회의에서 기억해야 할 5원칙

1. 서로의 의견을 충분히 경청한다.

2. 상대방의 의견을 최대한 존중한다.

3. 반복되거나, 의미 없는 회의는 최소화한다.

4. 한 사람의 의견으로 결정하거나, 무조건 따르도록 하는 것을 싫어하는 것을 염두에 둔다.

5. 개인이 성장하고, 회사가 발전해야 하는 방향으로 결론을 도출한다.


## NF 유형을 보완해줄 수 있는 회의 핵심 Tip

1. 서로의 의견을 경청하는 데 너무 많은 시간이 소요되지 않도록 관리한다.

2. 때로는 빠른 의사결정을 위해, 소수 의견 또는 리더의 의견으로 결론지을 수 있다는 것을 설득한다.

3. 일상적인 업무 추진을 위한 단순, 반복 회의도 조직의 유지와 관리를 위해 필요하다는 것을 인식시키고, 필요한 경우 최소의 시간으로 진행한다.

# 〈같은 상황 다른 생각〉

 회의에서 내가 가장 잘하는 것은?

 **SJ**
한마디도 놓치지 않는
꼼꼼한 회의록 작성

 **NT**
날카로운 시선으로
실행방안과 의견 검토

 **SP**
아무도 생각하지 못한
참신한 아이디어 내기

 **NF**
다른 사람의 의견에
공감하며 경청하기

 내가 주도해서 회식을 한다면?

 **SJ**
편안한
단골 맛집으로 GO!

 **NT**
한번 해도
확실한 임팩트

 **SP**
SNS에 인증샷 필수!
트렌디한 곳으로

 **NF**
다수결로
모두의 의견을 모아 결정

매주 금요일 캐주얼데이, 나의 출근 OOTD는?

**SJ**

그래도 회사인데…
누가 봐도 단정한
세미정장

**NT**

시크하면서 엣지 있는
스티브잡스 룩

**SP**

내가 좋아하는
독특한 프린트의
컬러셔츠

**NF**

따뜻하고 부드러운
파스텔 톤 니트

 신입사원이 들어왔을 때, 나의 첫 인사

**SJ**

반가워요.
OOO 대리입니다.

**NT**

넌 뭘 잘하니?

**SP**

재킷, 잘 어울리는데?

**NF**

어려운 일 있으면
뭐든지 물어봐!

4부

# MBTI와
# 리더십이
# 만나면

# 1

# 나는 괜찮은
# 리더일까?

## 리더십이 조직에 중요한 이유

당신은 조직 또는 팀(부서)에서 가장 중요한 사람은 누구라고
생각하는가? 물론 정답은 모든 구성원일 것이다. 하지만 실제로
영향력을 미치는 차원에서 가장 중요한 사람을 선택하라면, 당연
히 부서장, 조직 내 리더일 것이다. 크라이트너와 키니키Kreinter &
Kinicki(2004)는 성공적인 조직 변화는 효과적인 리더십에 의존한다
고 하였고, 조직 변화의 70~80%는 조직 리더의 리더십에 의존하
고, 나머지는 경영에 의존한다고 하였다. 그래서 조직 내에서 리
더가 본인의 성향을 이해하고 리더십의 장점을 강화하고 단점을
보완하는 전략이 매우 중요할 것이다.

이러한 이유로 많은 조직에서는 리더들을 대상으로 리더십을 진단하고, 그에 따른 다양한 교육과 코칭을 진행하고 있지만 아직 MBTI를 기반으로 한 정교한 리더십 진단 도구는 없다. MBTI는 본인과 타인을 이해하는 가장 강력한 툴 중 하나이기 때문에, 이를 기반으로 본인과 타인의 리더십을 진단하고, 진단 결과를 바탕으로 현장에 적용한다면, 많은 도움이 될 것으로 예상된다.

그래서 본 장에서는 기질 별 리더십의 유형을 정의하고, 이를 진단하는 리더십 진단 도구를 제시하고자 한다. 특히 최근 많은 사람이 일상생활에서 MBTI를 이해하고 많이 활용하고 있기 때문에, 본인과 상대방의 MBTI가 함께 연계된 리더십 유형에 대해 고민해본다면 손쉽게 조직의 리더에 대해 더 깊이 이해할 수 있을 것이다.

## MBTI와 리더십이 만나면?

1장에서 설명한 기질론에 따라 리더를 4가지 유형으로 분류하면 다음의 그림과 같다.

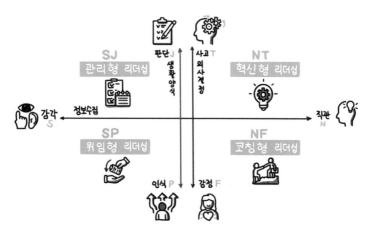

MBTI 리더십 4가지 유형

각 유형의 리더에 대해 간단하게 알아보자.

## 1. 관리형 리더(SJ형)

관리형 리더는 조직의 구조와 위계질서가 중요하다고 생각하며, 본인의 경험과 체득을 통한 책임 완수의 리더십을 발휘하는 리더이다. 대표적인 인물로는 힐러리 클린턴, 조지 워싱턴, 워런 버핏, 마더 테레사 등이 있다.

## 2. 위임형 리더(SP형)

위임형 리더는 장인 기질이 높은 적응력 있는 현실주의 리더로서, 문제를 잘 해결하고 시의적절하면서도 영리하게 행동하여 리더십을 발휘하는 리더이다. 대표적인 인물로는 조지 부시, 빌 클린턴, 푸틴, 마이클 잭슨 등이 있다.

### 3. 혁신형 리더(NT형)

혁신형 리더는 합리성, 자질 향상, 지식 추구를 가장 중요시하고, 비전을 중요시하고 이론적이며 논리적인 자신감을 실현하고자 한다. 한마디로 말하면 열정이 충만한 리더로, 개인의 능력 competence으로부터 리더십을 발휘한다. 대표적인 인물로는 빌 게이츠, 레오나르도 다빈치, 카를 마르크스, 아인슈타인 등이 있다.

### 4. 코치형 리더(NF형)

코치형 리더는 이상적이고, 현상의 의미를 심사숙고하며, 타인을 가르치거나 더 나은 세상을 만들고자 노력한다. 진실을 가장 중요하게 여기는 리더로서, 개인의 잠재력을 개발시키려는 리더십을 발휘한다. 대표적인 인물로는 마틴 루서 킹, 체 게바라, 간디, 셰익스피어 등이 있다.

# 2

# MBTI로 알아보는
# 나의 리더십

본인 또는 본인의 리더의 평소 행동에 대해 5점 척도로 평가해

보자.

(1 매우 그렇지 않다 ↔ 매우 그렇다 5)

| 번호 | 행동 | 1 | 2 | 3 | 4 | 5 |
|---|---|---|---|---|---|---|
| 1 | 나(나의 리더)는 평소 업무나 근태와 관련해서 성실을 강조한다. | | | | | |
| 2 | 나(나의 리더)는 자기 주위의 세계에 호기심이 많다. | | | | | |
| 3 | 나(나의 리더)는 논리적인 사람이다. | | | | | |
| 4 | 나(나의 리더)는 이상주의자라는 말을 많이 듣는다. | | | | | |

| 번호 | 행동 | 1 | 2 | 3 | 4 | 5 |
|---|---|---|---|---|---|---|
| 5 | 나(나의 리더)는 조직의 구조와 위계 질서를 중시한다. | | | | | |
| 6 | 나(나의 리더)는 업무 문제를 융통성 있게 잘 해결한다 | | | | | |
| 7 | 나(나의 리더)는 의견의 합리성을 가장 중요하게 여긴다. | | | | | |
| 8 | 나(나의 리더)는 평소 업무 현상에 대해 심사숙고 한다. | | | | | |
| 9 | 나(나의 리더)는 책임감 있는 행동을 가장 중요하게 생각한다. | | | | | |
| 10 | 나(나의 리더)는 새롭게 변화하는 업무 상황에 적응성이 높다. | | | | | |
| 11 | 나(나의 리더)는 새로운 지식 추구에 관심이 많다. | | | | | |
| 12 | 나(나의 리더)는 팔로워 육성에 관심이 많다. | | | | | |
| 13 | 나(나의 리더)는 전통을 중시하는 관점에서 의사결정 한다. | | | | | |
| 14 | 나(나의 리더)는 내부 절차보다는 당면한 문제 해결에 더 주력한다. | | | | | |
| 15 | 나(나의 리더)는 복잡한 문제의 경우 관련 이론적인 근거를 제시하며 해결하려고 한다. | | | | | |
| 16 | 나(나의 리더)는 더 나은 조직을 만드는 것에 관심이 많다. | | | | | |
| 17 | 나(나의 리더)는 안정적인 것을 좋아하고, 조직에 대한 소속감이 높다. | | | | | |

| 번호 | 행동 | 1 | 2 | 3 | 4 | 5 |
|------|------|---|---|---|---|---|
| 18 | 나(나의 리더)는 본인의 욕구가 있을 때 바로 할 수 있어야 만족감을 느낀다. | | | | | |
| 19 | 나(나의 리더)는 전략적인 분석을 통한 업무 처리를 선호한다. | | | | | |
| 20 | 나(나의 리더)는 자아실현의 욕구가 높으며, 본인의 꿈을 실현하고자 노력한다. | | | | | |
| 21 | 나(나의 리더)는 일의 체계와 질서를 부여하기 위하여 노력한다. | | | | | |
| 22 | 나(나의 리더)는 업무 추진에서 무엇보다 효율성과 즐거움을 우선한다. | | | | | |
| 23 | 나(나의 리더)는 본인의 실수에 대해 매우 자기 비판적이다. | | | | | |
| 24 | 나(나의 리더)는 남들과 똑같은 삶을 사는 것을 좋아하지 않는다. | | | | | |
| 25 | 나(나의 리더)는 세부사항까지 꼼꼼하게 관리하고 챙긴다. | | | | | |
| 26 | 나(나의 리더)는 돌발 상황에서 위기 관리 능력이 뛰어나다. | | | | | |
| 27 | 나(나의 리더)는 독립적으로 업무를 추진하는 것을 선호한다. | | | | | |
| 28 | 나(나의 리더)는 다른 리더보다 평소에 팔로워들과 인간적인 관계를 맺고 팔로워들의 헌신을 이끌어내는 데 많은 시간을 할애한다. | | | | | |

* 본 저서의 모든 진단지를 무단 사용하는 것은 저작권법에 저촉되며, 법적 제재를 받을 수 있습니다.

## 점수 계산법

1 + 5 + 9 + 13 + 17 + 21 + 25 = (　　) → 관리형 리더

2 + 6 + 10 + 14 + 18 + 22 + 26 = (　　) → 위임형 리더

3 + 7 + 11 + 15 + 19 + 23 + 27 = (　　) → 혁신형 리더

4 + 8 + 12 + 16 + 20 + 24 + 28 = (　　) → 코치형 리더


## 각 유형별 점수의 해석

35~29점: 이 유형을 회사에서 매우 많이 활용하고 있음

28~22점: 이 유형을 회사에서 종종 활용하고 있음

21~15점: 이 유형을 회사에서 일부 활용하고 있음

16~8점: 이 유형을 회사에서 잘 활용하지 못하고 있음

7점 미만: 이 유형을 회사에서 거의 활용하지 않음


4개 모두 높은 리더도 있고, 4개 모두 낮은 리더도 있을 수 있다.


## MBTI 리더십 진단 결과 활용법: 강점 강화


조직 내에서 리더들은 본인의 강점을 잘 모르고 생활하는 경우가 많다. 조직에서 리더십을 교육받는 경우도 있지만, 부족한 점

에 대한 보완에 주로 초점이 맞춰져 있고, 본인의 강점을 극대화하는 전략에 대해서는 다루어지지 않는 경우가 많다. 대부분의 조직에서 진행하는 리더십 교육은 경청 스킬, 코칭 스킬, 임파워먼트, 갈등 해결 등 주로 조직 내 리더들이 잘하지 못하고 있는 부분에 초점을 맞추고 있다.

하지만 MBTI 리더십 진단 도구로 리더십 유형을 진단하고 그 결과를 활용하면, 본인의 강점을 극대화하는 방향으로 리더십 스킬을 강화할 수 있다. 나의 리더십 유형이 어느 정도 파악이 되었다면 다음 내용을 바탕으로 리더십 강점을 극대화하는 데 집중해 보자.

리더십 진단 결과에 따라 점수가 높은 경우(22점 이상)는 아래의 강점을 잘 활용하여 업무를 추진해나가야 한다.

## 1. 관리형 리더(SJ형)의 업무 추진 강점

- 부서(팀) 업무를 체계적으로 잘 관리하고 기획한다.

- 프로젝트 일정에 따라 계획성 있게 업무를 추진한다.

- 모든 일에 성실하고 책임감 있게 마무리한다.

- 전통적인 업무처리 방식, 규정에 따라 안정적으로 의사결정을 한다.

- 업무의 효율성과 실용성이 극대화되도록 조직을 관리한다.

## 2. 위임형 리더(SP형)의 업무 추진 강점

- 부서(팀) 업무에 문제점이 생겼을 때, 융통성 있게 해결한다.

- 프로젝트의 돌발 상황이 발생했을 때, 당황하지 않고 위기 관리를 해나

간다.

- 새로운 시스템이나, 제도, 규정 도입 시 적응력이 빠르고 부서(팀)원들을

잘 이끌어나간다.

- 부서(팀)원들이 즐겁게 일할 수 있는 환경을 조성해준다.

- 부서(팀)원들에게 업무 위임을 잘하며, 그들의 결정에 따라 추진할 수 있

도록 지원해준다.


## 3. 혁신형 리더(NT형)의 업무 추진 강점

- 부서(팀) 업무를 논리적이고 합리적으로 기획, 관리한다.

- 프로젝트를 수행할 때, 새로운 지식, 분야에 대한 학습에 집중하고 이를

통해 성과를 창출해낸다.

- 부서(팀) 내 해결하기 어려운 복잡한 문제가 발생하였을 때 논리적인 근

거를 제시하며 합리적으로 해결한다.

- 부서(팀) 전략 수립에 능하며, 구체적인 추진 절차를 잘 기획한다.

- 새로운 것을 기획하고, 기존과 다른 방식으로 문제를 해결해나간다.

## 4. 코치형 리더(NF형)의 업무 추진 강점

- 부서(팀)의 장기적 관점을 고려하고, 이상적인 운영 방안을 제시한다.

- 프로젝트 수행 시 심사숙고를 통해 최적의 방안을 도출해낸다.

- 부서(팀)원들이 개인적인 업무와 인생 목표를 달성하도록 지도해준다.

- 부서(팀)원에게 관심이 많으며, 이들의 육성을 잘 지원해준다.

- 부서(팀)원들과 인간적인 관계를 잘 맺으며, 그들의 헌신을 끌어낸다.

# 3

# MBTI 상황 대응 리더십
# '일은 잘하는데 믿음이 안 가'

## 성과가 안 나오는 팔로워(역량과 상사 로열티 관점)

성과가 안 나오는 팔로워에 대한 대처는 조직에서 큰 고민이다. 보통 역량이 부족하여 업무를 미숙하게 처리하거나, 상사(조직)에 대한 로열티가 부족하여 추진 방향을 잘못 잡고 업무를 하는 경우가 많다. 이러한 현상을 상황 대응 리더십 모델로 설명할 수 있다.

먼저 역량은 높은데, 상사(조직)에 대한 로열티가 낮은 직원의 경우 지시형 리더십을 발휘하라고 한다. 높은 역량으로 업무를 잘 처리할 수 있지만, 그 방향이 상사 또는 조직과 정렬되지 않을 수 있어 리스크가 있기 때문이다. 이런 경우 리더는 팔로워의 일정과 추진 방향, 과업 내용 등을 꼼꼼하게 체크하고 지시해야 한다.

역량은 낮은데 상사(조직)에 대한 로열티가 높은 경우, 리더는 코칭을 통해 팔로워를 육성해야 한다. 조직에 기여하기 위해 열심히 일하지만 아직 역량이 다소 부족하다면, 이들을 위해 리더는 지속적인 코칭으로 지원해야 한다.

역량도 높고 상사(조직)에 대한 로열티도 높은 경우는 위임이 효과적이다. 위임해야 하는 부분과 위임하지 말아야 할 부분을 정하고, 위임이 가능한 영역은 과감하게 위임하여 자율적이고 적극적으로 업무를 수행할 수 있도록 해야 한다.

역량도 낮고, 상사(조직)에 대한 로열티도 모두 낮은 경우는 답이 없다고 할 수 있다. 이 경우는 다른 부서로 보내거나, 다른 조직으로 가서 본인의 적성을 다시 찾도록 안내하는 것이 좋은 방법일 수 있다.

앞의 내용을 MBTI 리더십을 활용하여 이야기해본다면, 2사분면 지시형 리더의 경우 SP형 관리형 리더십을 적극적으로 발휘해야 한다. 팔로워의 업무를 체계적으로 관리하고 프로젝트 일정에 따라 계획성 있게 업무를 추진하는지 꾸준히 점검해야 한다.

4사분면 코치형 리더의 경우 NF형 코치형 리더십을 적극적으로 활용해야 한다. 팔로워의 장기적 관점을 고려하고 이상적인 육성 방안을 제시하여, 개인적인 업무 및 인생 목표를 달성하도록 코칭한다.

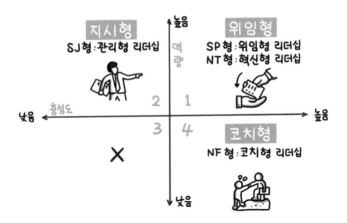

1사분면 위임형 리더의 경우 SP형 위임형 리더십과 NF형 혁신형 리더십을 동시에 발휘하면 좋다. 즉 팔로워들이 즐겁게 일할 수 있는 환경을 조성해주고 위임을 잘하여, 그들의 결정에 따라 추진할 수 있도록 잘 지원해주는 것이 SP형 리더십이다. 그리고 구성원들에게 업무 추진 어려움에 봉착하였을 때, 기존에 하지 않은 새로운 것을 기획해주고, 기존과 다른 방식으로 문제를 해결하도록 지원해주는 NT형 혁신형 리더십을 발휘해야 한다.

# 4

## 숨겨왔던 나의…

MBTI에는 주기능, 부기능, 3차 기능, 열등 기능의 개념이 있다. MBTI 16개 유형마다 주기능, 부기능, 3차 기능, 4차 기능(열등 기능)이 있다는 것이다. 주기능은 아버지, 부기능은 어머니, 3차 기능은 10살 아이, 열등 기능인 4차 기능은 3살 아이라고 말하기도 한다. 즉 앞에 2개 기능(주기능, 부기능)은 내가 잘 사용하는 기능이고, 뒤의 2개 기능(3차, 열등 기능)은 내가 잘 사용하지 못하는 기능이다.

물 위를 떠다니는 배에 빗대어 표현하자면 주기능은 배의 '돛'과 같은 기능이다. 바람이 부는 대로 자연스럽게, 저절로 움직이는 '가장 사용하기 쉬운 기능'이다. 부기능은 배의 '방향키'라고 할 수 있다. 돛의 균형을 잡아주고, 원하는 방향으로 나아가게 조절해주는 역할을 한다. 그리고 3차 기능은 배의 방향키를 제어해 줄 수 있는 '줄(로프)'이라고 할 수 있다. 잘 드러나지는 않지만 반대 기능으로 방향키를 조정해줄 수 있는 기능이다. 마지막으로 4차 (열등) 기능은 배의 '닻Anchor'이라고 할 수 있다. 배를 멈추게 할 수 있을 정도로 강한 힘을 가지고 있지만, 움직이는 배에서는 드러나지 않는 '무의식 차원의 주기능 반대' 기능이다.

MBTI 각 유형 발달은 일생의 과정이라고 할 수 있다. 일반적으로 사람들은 주기능-부기능에 관심이 많고 이를 사용하여 집중적으로 발달시킬 수 있으나, 나머지 두 기능인 3차 기능-열등 기능에 대해서는 관심도 적고 소홀하기 때문에 발달이 부족하게 된다. MBTI 전문가들은 이 4가지 기능에 대해 젊었을 때(30대 중반 이전)는 주기능과 부기능을 집중적으로 발전시키고, 중년 이후 (30대 중반 이후)에는 3, 4차 기능을 발달시키는 것이 성격 유형 발달과 삶의 질적 향상을 위해 필요하고 한다. 30대 중반 이후 주로 조직의 리더가 되는 사람들에게는 본인의 주기능과 부기능을 잘 활용하는 것과 함께, 본인의 3차 기능과 열등 기능을 알고 이를 보완하는 전략도 매우 중요하다.

다음은 MBTI 16가지 유형의 주기능, 부기능, 3차 기능, 열등 기능을 정리한 표이다. 리더는 본인의 MBTI 기능을 확인하고 주기능, 부기능 강화도 고민하지만, 동시에 3차 기능과 열등 기능 보완도 깊이 고민해야 한다.

| 16가지 유형 | 주기능 | 부기능 | 3차 기능 | 열등 기능 |
|---|---|---|---|---|
| INTP | Ti | Ne | Si | Fe |
| ISTP | Ti | Se | Ni | Fe |
| ENTP | Ne | Ti | Fe | Si |
| ENFP | Ne | Fi | Te | Si |
| ISFP | Fi | Se | Ni | Te |
| INFP | Fi | Ne | Si | Te |
| INTJ | Ni | Te | Fi | Se |
| INFJ | Ni | Fe | Ti | Se |
| ESTJ | Te | Si | Ne | Fi |
| ENTJ | Te | Ni | Se | Fi |
| ESFJ | Fe | Si | Ne | Ti |
| ENFJ | Fe | Ni | Se | Ti |
| ISTJ | Si | Te | Fi | Ne |
| ISFJ | Si | Fe | Ti | Ne |
| ESTP | Se | Ti | Fe | Ni |
| ESFP | Se | Fi | Te | Ni |

이 표에서 알파벳 대문자는 MBTI 유형 중 S(감각)와 N(직관), T(사고)와 F(감정)를 의미하고 알파벳 소문자는 외향(e)과 내향(i)을 의미한다. 본인이 외향형인 경우 주기능을 외부로, 내향형인 경우 주기능을 내부로 사용한다. 즉 외향적인 사람들은 외부에서

다른 사람들과 관계할 때 주기능을 사용하고, 혼자 있거나 개인적인 일에는 부기능을 사용한다. 이러한 의미에서 주기능을 선장, 부기능을 일등 항해사로 비유하기도 한다.

예를 들어 ENTP의 경우 외향형이다. 그들은 외부(e) 세계에서 주기능으로 N을 사용하고, 내부(i)에서 혼자 있을 때 부기능으로는 T를 활용하게 된다. 하지만 내향적인 사람들은 자신들의 내부 세계에서 그들의 주기능을 발휘하고, 부기능을 외부 세계에 사용한다.

리더, 즉 30대 이상이 된 성인은 본인의 장점인 주기능과 부기능도 잘 발휘해야겠지만, 약점인 3차 기능과 열등 기능도 개발해야 한다. 3차 기능은 부기능처럼 주기능이 잘 발현할 수 있도록 도와주는 역할을 하므로, 인생을 살아가면서 반드시 잘 발휘할 수 있도록 노력해야 하는 숙제 같은 기능이다. 내가 잘 쓰지 못하는 기능이지만 나의 주기능을 더 잘 쓰기 위해 도와주는 부기능과 함께 또 하나의 '조력자'의 역할을 하는 것이 바로 3차 기능이기 때문이다.

조직의 리더가 자연스럽게 숨 쉬듯이 쓰는 주기능, 필요할 때 꺼내서 아주 잘 쓸 수 있는 부기능을 발달시키면 그 성격 유형의 강점이 잘 드러난다. 하지만 주기능 부기능만 발달하고 3차 기능을 발달하지 못하게 되면 부서원이 보기에 리더에게 묘한 이질감과 불편함을 느끼게 된다. 성격이 한쪽으로 치우친 것처럼 성격이 '불균형하다'라고 느껴지기 때문이다.

예를 들어 ENFJ의 경우 주기능 Fe와 부기능 Ni가 발달하여 상대방에 대한 이해와 공감도 잘해주고 높은 직관력을 가지고 있는 리더로 보일 수 있다. 하지만 ENFJ 리더가 3차 기능인 Se를 발달시키지 못하면 고차원적이고 맥락 없는 말을 많이 하는 사람으로 비칠 수 있다. 리더가 3차 기능을 잘 발전시킨다면 구성원에게 '반전 매력'을 선사할 수 있다. 즉 ENFJ가 본인의 3차 기능인 Se를 발달시켜 외부 사람들의 말들을 감각적으로 잘 이해하려고 노력하면서 소통한다면, 리더의 매력이 더 높아질 것이다. 발휘하기 어렵고 불편한 3차 기능의 보완은 나의 또 다른 면모를 보여줄 수 있고, 리더에게 있어서 큰 무기가 될 수 있다.

3차 기능의 발달과 더불어 리더에게 중요한 것 중 하나가 열등 기능에 대한 보완이다. 열등 기능은 내가 거의 잘 사용할 수 없는 약점 기능이다. 열등 기능은 극단적인 형태로 발현이 된다. 예를 들어 INFJ의 열등 기능은 Se 외향 감각이다. Se는 본인의 오감을 잘 써서 있는 그대로를 받아들이는 기능이라고 할 수 있다. Se가 주 기능인 사람은 자연스럽게 외부 자극을 받아들여 급변하는 외부 환경에도 쉽게 적응하고 트렌드에 민감하여 유행을 자연스럽게 타는 사람이 된다. 하지만 Se(외향 감각)를 열등 기능으로 가지고 있는 유형은 심할 정도로 외부의 자극에 둔하거나, 또는 극도로 예민한 모습이다.

INFJ 리더가 열등 기능인 Se에 극도로 둔감할 때는 외부의 자극을 갈망하게 되어 술이나 담배에 의존을 하거나, 음식을 과하게 먹으면서 스트레스를 해소하는 경우가 있다. 반대로 극도로 예민하게 반응할 경우, 굉장히 민감한 상태로 작은 소리 하나에도 거슬리거나 신경이 예민해지고 온몸의 촉각이 곤두선 듯한 느낌을 받게 된다. 조직의 리더가 만약 이러한 열등 기능을 잘못 사용한다면 다른 사람이 보기에 이해할 수 없는 심각한 상황에까지 이를 수 있다.

리더가 본인의 열등 기능을 기르기 위해서는 잘 쓰지 못하는 열등 기능을 항상 인식하고, 발현을 자제하고 다스리는 것이 가장 중요하다. 그리고 그 기능을 억지로라도 써보려고 노력해야 한다. 열등 기능은 계속 써도 실수가 자주 일어나고, 여러 번의 시행착오를 겪을 것이며 쓸 때마다 고난의 연속일 것이다. 하지만 조직의 리더는 열등 기능을 부적절한 방법으로 쓰지 않기 위해서라도 이 열등 기능을 평소에 잘 다스려야 하고 키워야 한다. 열등 기능은 갈고 닦으면 어느 정도 쓸 수 있는 3차 기능과 전혀 다르다. 배워도 쉽게 잊히고 오랫동안 쓰지 않으면 잘 쓰지 못했던 원래의 상태로 되돌아간다. 그러므로 우리는 열등 기능을 무시하지 않고 지속적으로 관심을 가져야 한다.

예를 들어, INFJ 리더는 먼저 본인의 Se가 잘 발휘되지 않는 것을 인식해야 한다. 외향 감각이 잘 발휘되지 않아서 받는 스트레스를 해소하기 위해 술과 담배 등에 의존하거나 폭식하지 않는지 확인해야 한다. 반대로 너무 외향 감각에 민감하게 반응하는지도 확인해야 한다. 그리고 나서 열등 기능의 개발을 위해 Se를 긍정적으로 활용하는 노력을 하는 것이다. 주변 사람들의 말에 귀를 기울이고 그들의 말들을 여유롭게 들어보는 노력이 필요하다. 또한 팀원들이 하는 행동에 대해 밝은 태도를 가지고 관찰하고, 행동을 통해 최대한 객관적으로 생각해보는 것이 필요하다. 혼자서 하기 어려운 경우 Se가 강한 유형(ESTP, ESFP)이 평소 다른 팀원들과 대화하는 모습이나 행동을 관찰하고 좋은 점을 따라 해보는 것도 필요하다.

열등 기능은 이렇게 평소에 잘 사용하지 못하는 기능이기 때문에 어느 정도 시간이 지나고 나서야 잘 사용할 수 있다. 그래서 중년의 나이(40대 이상)의 사람들에게 MBTI 검사를 실시하게 되면 모든 유형이 중간 지수로 나오거나, 오히려 기존과 전혀 다르게 유형이 바뀌기도 한다. 이는 본인이 노력해서 열등 기능이 어느 정도 성장했기 때문이다. 그러므로 리더들은 항상 본인의 열등 기능을 의식해야 하고 사용하려고 노력해야 한다.

# MBTI 리더십 진단 결과 활용법(약점 보완)

## 팔로워와 관계가 안 좋은 리더: MBTI 리더십 약점 보완

팔로워와 사이가 안 좋은 이유는 여러 가지가 있다. 그중에 많은 사람이 리더와의 성향, 성격 차이를 말하는 경우가 많다. 성향, 성격은 타고나는 경우가 많고 서로 극명하게 다른 경우 두 사람의 사이가 가까워지기 어려운 점이 있다. 모든 인간관계에서 개선을 위해서는 상호 노력을 해야겠지만, 우선 리더가 노력할 수 있는 방법에 대해 이번 장에서 논의하고 한다. 만약 리더가 본인의 성격의 약점을 잘 안다면, 그 약점을 보완하는 방법으로 팔로워와의 관계 개선이 일부 가능할 것이다.

앞에서 이야기한 것처럼 리더는 본인의 4차 기능(열등 기능)을 감지해야 한다. 다음 표와 같이 유형별로 열등 기능을 민감하게 반응하거나, 무시할 경우 발생하는 리더의 잘못된 행동의 특징이다. 이를 리더가 사전에 스스로 감지한다면, 팔로워와 갈등이 생기는 경우, 본인의 스타일을 먼저 점검하여, 관계 개선을 위해 한 걸음 다가갈 수 있을 것이다. 혹시라도 본인이 일부 팔로워와 인간관계의 문제가 발생할 경우 다음과 같은 극단적인 행동을 하고 있는지를 다시 한번 생각해봐야 한다. 그렇다고 감지된 경우, 의도적으로 다음과 같은 행동을 중지하거나, 반대 형태로 행동하도록 노력해야 한다. 예를 들어, INTP의 경우 Fe가 열등 기능이다. 이들은 주로 팔로워에 대해 느끼는 감정으로 다른 사람에게 잘 표출하지 못하는 성향을 가지고 있다. 그런데 만약 이를 본인이 민감하게 반응하여, 싫어하는 팔로워에 대해 생각하는 모든 감정을 일일이 주변 사람에게 말할 수 있다. 또는 반대로 팔로워에 대한 감정을 전혀 주변 사람에게 무시하고 말하지 않는 경우가 발생하는 경우도 있다. 극단적일 경우 팔로워와 사이가 나빠질 수 있다. 이런 경우 적절하게, 팔로워에 대한 감정을 다른 사람에게 말하기도 하고, 또는 일부로 신경 써서 팔로우에 대한 감정으로 일부 말하는 훈련을 해야 한다. 물론 이 정도와 수준이 극단적이지 않고, 건강하고, 적당한 수준에서 하는 것이 가장 중요한 핵심 요소이다.

다음 표는 열등 기능이 잘못 발휘되는 경우를 나타낸 것이다. 각 유형별로 자신의 열등 기능, 민감하게 반응하거나 또는 무시하는 것을 최대한 자제하고 맨 마지막 열에 있는 약점 보완 방법을 고민해서 리더십에 적용해봐야 한다.

| 16가지 유형 | 4차 열등 기능 | 열등 기능을 민감하게 반응한 경우(X) | 열등 기능을 무시하는 경우(X) | MBTI 바람직한 약점 보완 방법(O) |
|---|---|---|---|---|
| INTP | Fe | 다른 팔로워의 감정에 모두 민감하게 반응 | 다른 팔로워의 밖으로 들어 나는 감정을 애써 무시함 | 팔로워의 밖으로 표출되는 감정을 직접 하게 잘 반응해줌 |
| ISTP | Fe | | | |
| ENTP | Si | 팔로워에 관하여 파악된 정보에 대해 매번 심각하게 고민 | 팔로워에 관하여 파악된 정보에 대해 일부러 전혀 신경 쓰지 않음 | 팔로워의 관해 파악된 정보를 전반적으로 마음속으로 신경을 써줌 |
| ENFP | Si | | | |
| ISFP | Te | 팔로워에 대해 과도하게 냉정하고 이성적으로 편단하고 표현함 | 팔로워에 대해 전혀 판단하거나 이견을 제시하지 않음 | 팔로워에 대해 판단된 내용에 대해서 적절하게 이견을 지시해줌 |
| INFP | Te | | | |
| INTJ | Se | 팔로워에 대해 파악된 내용을 주변 사람들에게 과도하게 알림 | 팔로워에 대해 파악된 내용을 일부러 무시한다는 것을 지속적으로 표출 | 팔로워에게 파악된 정보에 대해 주변에 적당히 표현 |
| INFJ | Se | | | |
| ESTJ | Fi | 팔로워에 대해 느낀 감정에 대해 심각하게 고민함 | 팔로워에 대해 느낀 감정을 최대한 생각하지 않음 | 팔로워의 감정에 대해 적절하게 머릿속으로 생각하며 고민함 |
| ENTJ | Fi | | | |
| ESFJ | Ti | 팔로워에 대해 과도하게 냉정하고 이성적으로 생각하고 혼자 의사 결정함 | 팔로워에 대해 전혀 머릿속으로 판단하려고 하지 않음 | 팔로워에 대해 이성적으로 판단을 하여 본인의 이견을 머릿속에 가지고 있음 |
| ENFJ | Ti | | | |
| ISTJ | Ne | 팔로워에 대한 직관적인 생각을 주변 사람에게 과도하게 알림 | 팔로워에 대한 직관적인 생각이 있더라도 다른 사람에게 전혀 표현 안 함 | 팔로워에 대해 때로는 직관적으로 생각을 하여 이를 적절하게 표현 |
| ISFJ | Ne | | | |
| ESTP | Ni | 팔로워에 대한 직관적인 생각을 혼자 심각하게 고민함 | 팔로워에 대한 직관적인 생각을 전혀 하지 않으려고 함 | 팔로워에 대해 직관적으로 생각하고, 이를 정리하여 나만의 이견을 가지고 있음 |
| ESFP | Ni | | | |

5부

# 팔로워가
# MBTI를
# 만났을 때

# 1

# 나는 인정받는 팔로워이고 싶다

## 팔로워십이란?

팔로워십Followership은 리더를 능동적으로 따르는 구성원으로서의 능력이라고 할 수 있다. 팔로워십은 본래 '돕다, 후원하다'는 의미를 가지고 있기 때문에 흔히 '리더가 이끄는 대로 따라가는 것'이 올바른 팔로워십이라고 오해하기 쉽다. 리더의 말에 항상 'YES'라고 대답하는 사람을 바람직한 팔로워라고 할 수 있을까?

팔로워십은 리더십의 일부분으로, 리더가 제시한 비전을 올바르게 파악하여 헌신하고 기여하는 능력이다. 팔로워는 리더를 존중하고 따르면서, 주체적이고 주도적으로 행동하는 태도를 가져야 한다. 그러나 문제가 발생했을 때 솔직히 지적하고 리더의 부족한 점을 보완하는 것도 팔로워의 역할이다.

좋은 팔로워는 훌륭한 리더를 알아보고 그를 도와 함께 일할 수 있는 사람이다. 적극적으로 팀워크를 주도하며 성과를 이끌어내는 팔로워가 있다면 리더는 추진력을 얻을 수 있다. 하지만 좋은 팔로워를 만나지 못한다면 리더도 제 역량을 발휘하지 못한다. 조직이 원활하게 움직이고 성과를 내기 위해서는 리더와 팔로워가 조화를 이루어야 한다.

## 팔로워십에 주목해야 하는 이유

팔로워십은 리더십과 함께 조직의 성과 창출을 위해 꼭 필요한 필수적 요소이다. 2012년 파이낸셜 타임스가 올해의 비즈니스 북으로 선정한 하버드대학 케네디스쿨의 바버라 켈러먼 교수는《리더십의 종말》에서 "세상을 바꾸는 새로운 리더십이 팔로워십이며 똑똑한 팔로워가 세상을 바꾼다"고 말하며, 팔로워십이 리더십을 압도할 만큼 강해질 것이라고 예견했다(바버라 켈러먼, 2012). 팔로워십을 이토록 강조한 바버라 켈러먼이 미국을 대표하는 리더십 학자라는 사실은 꽤 의미 있다. 조직을 이끌어가는 데 있어 리더의 역할과 리더십이 매우 중요하지만 팔로워가 있을 때 리더십이 발현될 수 있다는 사실을 잊지 말자. 리더십과 팔로워십은 동전의 양면과 같은 공동운명체이다.

팔로워십은 특정한 몇 명의 사람을 위한 것이 아니라 평범한 직장인 우리에게 꼭 필요한 역량이다. 대부분의 조직에서 리더보다 팔로워의 수가 절대적으로 많고, 우리는 인생의 상당 시간을 팔로워로 살아간다. 모든 사람이 리더가 되기는 어렵고, 한 분야의 리더가 된다고 해도 다른 분야에서는 팔로워가 될 수밖에 없다. 평범한 다수의 사람이 직장에 잘 적응하고, 내가 할 수 있는 방법으로 성과를 내기 위해 꼭 연마해야 할 기술이 바로 팔로워십이다. 혹시 '난 팀장이 되려면 아직 멀었는데, 그때 가서 리더십을 기르면 되겠지?'라고 생각하고 있다면 "남을 따르는 법을 알지 못하는 사람은 좋은 지도자가 될 수 없다"라고 한 아리스토텔레스의 이야기를 기억하자.

좋은 팔로워는 미래에 좋은 리더가 된다는 뜻이다. 탁월한 팔로워십을 발휘하는 자에게 리더가 될 기회가 주어진다. 팔로워로 살아가는 시간을 수동적으로 보내지 말자. 성장하는 예비 리더의 단계라고 생각하면서 꾸준히 학습하며 역량을 키워나가는 팔로워라면 장차 리더가 될 자격이 있다.

MBTI(마이어스-브릭스 유형 지표, Myers-Briggs Type Indicator)는

'나'와 관련된 설문에 응답하면서 문제를 인식하고 판단을 내릴 때 내가 선호하는 경향을 찾아내고, 이러한 선호 경향들이 사람의 행동에 어떠한 영향을 미치는지를 파악하는 성격 유형 검사이다. MBTI가 나의 모든 것을 설명해준다고 말하기는 어렵지만, 자기 자신에 대해 올바르게 인식하는 것은 직장생활뿐 아니라 커리어를 만들어가는 전반적인 사회생활에 큰 도움이 될 수 있다.

MBTI에서 나타내는 각 지표를 통해 내가 가지고 있는 기질을 파악할 수 있는데, 기질에 따라 업무 처리 방식과 커뮤니케이션 방식이 다르게 나타난다. MBTI를 활용하여 나의 기질을 잘 발휘할 수 있는 업무 분야를 탐색하거나, 내가 가진 기질적 장점을 활용하여 조직에 기여할 수 있는 방법을 모색할 수 있다. 이렇게 회사생활에서 각자의 MBTI에 알맞은 팔로워십을 활용하는 주도적이고 적극적인 팔로워의 모습은 효율적으로 업무를 처리하고 성과를 높이는 동시에, 일에 의미를 더하여 직무 만족도를 높이는 출발점이 될 것이다.

# 2

# MBTI로 알아보는
# 나의 팔로워십

## 간단하게 나의 MBTI 팔로워십을 확인하는 법

이번 장에서는 MBTI 기질과 팔로워십을 연결시켜 보려고 한
다. 아래에 주어진 64개의 단어를 천천히 읽어보고, 나의 모습을
잘 묘사한다고 생각하는 단어 10개를 찾아 표시해보자.

| 질서 정연 | 책임감 | 안정적인 | 성실한 | 분석적인 | 냉철한 | 학구열 | 객관적인 |
|---|---|---|---|---|---|---|---|
| 계획적인 | 몰입하는 | 실용적인 | 일정 관리 | 성과지향 | 전문적인 | 도전하는 | 합리적인 |
| 현실적인 | 집중하는 | 효율 추구 | 인내심 | 문제해결 | 업무 혁신 | 목표 달성 | 독립적인 |
| 체계적인 | 꼼꼼한 | 규칙적인 | 보호자 | 전략가 | 논리적인 | 정확한 | 공정성 |
| 긍정적인 | 관대한 | 경험중심 | 중재자 | 조화로운 | 의미부여 | 관계지향 | 창조자 |
| 즉흥적인 | 개방적인 | 빠른 대처 | 감각적인 | 인간적인 | 공감하는 | 협업하는 | 비전 제시 |
| 자유로운 | 유연한 | 적응하는 | 예술적인 | 응원과 격려 | 따뜻한 | 성장지원 | 배려 깊은 |
| 유쾌한 | 융통성 | 호불호 | 협상가 | 이상주의 | 포용하는 | 창의적인 | 미래지향 |

* 본 저서의 모든 진단지를 무단 사용하는 것은 저작권법에 저촉되며, 법적 제재를 받을 수 있습니다.

1) ❶~❹번 구역 중 내가 체크한 10개의 단어들이 가장 많이 모여 있는 곳은?

2) 10개의 단어들 중 5개 이상 모여 있는 구역이 나의 팔로워십 유형을 나타낸다.

3) 체크리스트에 언급된 단어들은 MBTI 4개 기질의 팔로워십 특성을 대표하며 공간의 양끝으로 갈수록 기질 특성이 짙게 나타난다.

❶ 구역: 믿음직한 꼼꼼이 유형(SJ형 팔로워)

❷ 구역: 자신감 넘치는 차도남녀 유형(NT형 팔로워)

❸ 구역: 호기심 가득한 자유영혼 유형(SP형 팔로워)

❹ 구역: 따뜻한 마음씨의 공감대장 유형(NF형 팔로워)

# MBTI
# 강점혁명

MBTI 기질론에 따라 다음 4가지 유형으로 팔로워를 구분할 수 있다. 유형별 특징에 대한 자세한 내용은 2부의 '기질별 팔로워'를, 유형별 팔로워와 일하는 방법은 3부의 '4가지 기질별 업무 지시'를 참고하자.

유형별 팔로워의 특징을 간단하게 설명하면 다음과 같다.

## 1. 믿음직한 꼼꼼이 유형(SJ형 팔로워)

책임감이 강한 SJ형 팔로워는 조직의 규범을 잘 이해하고 따르며, 체계적인 업무 프로세스를 구축하고 자신을 잘 통제하는 업무 수행 방식을 가지고 있다.

## 2. 호기심 가득한 자유영혼 유형(SP형 팔로워)

즐거움을 추구하며 현재를 즐기는 SP형 팔로워는 지속적인 자극을 원하고 호기심이 많다. 위기 대응 능력이 좋고 자유로운 업무수행 방식에서 효율을 잘 내는 유형이다.

## 3. 자신감 넘치는 차도남녀 유형(NT형 팔로워)

자기 성장에 대한 갈증이 크고 유능함을 인정받기를 원하는 NT형 팔로워는 자신의 의견을 솔직히 표현한다. 새로운 아이디어를 많이 만들어내며 스스로에 대한 기준이 높고 엄격한 편이다.

## 4. 따뜻한 마음씨의 공감대장 유형(NF형 팔로워)

주변 사람들과의 소통을 좋아하고 잘하는 NF형 팔로워는 서로 간의 갈등을 중재하는 역량을 가졌다. 동료를 동기부여 하는 긍정 에너지를 가지고 있으며 언제나 협조적인 편이다.

## MBTI 팔로워십의 대표 강점

우리는 모두 각자의 강점을 가지고 있다. 팔로워들의 MBTI 기질에 따라 대표되는 강점을 두 개씩 선정해보았다. 팔로워로서의 나의 기질과 업무 중 모습, 동료와의 경험을 떠올리며 읽어보자. 각자의 강점을 잘 알고 조직에서 어떻게 활용될 수 있을지 연구하는 것이 바로 팔로워십이다.

〈MBTI 팔로워십의 대표 강점〉

# 1. 믿음직한 꼼꼼히 유형(SJ형 팔로워)의 대표 강점:
## 몰입, 실용, 집중, 효율 추구

### ▶ 몰입

일에 몰입하는 SJ형 팔로워의 강점은 업무를 더욱 효율적으로 처리할 수 있고, 자신감을 향상하며, 문제해결 능력을 강화하고, 업무 만족도를 향상하는 등 다양한 방면으로 작용한다. 주변의 여러 가지 방해 요소들에 대한 영향력을 받지 않는 SJ형 팔로워는 일에 몰입하면서 일의 세부 사항에 대한 이해도가 높아진다. 따라서 문제가 발생했을 때 쉽게 대처할 수 있으니 자기 능력을 믿고 일에 임할 수 있고, 그러다 보면 자신감이 향상되어 업무를 더욱 효율적으로 처리할 수 있게 된다. 이렇게 일에 몰입하면서 일의 의미를 더 잘 이해하고, 업무의 결과물에 대한 만족도 상승으로 이어지기 때문에 직무에 몰입할 수 있다는 것은 조직에 긍정적인 영향을 가져오는 중요한 요소이다.

### ▶ 실용

실용적인 SJ형 팔로워가 팀 내에 있으면 문제해결 능력, 현실적인 시각, 적극적인 태도, 경험과 노하우, 효율적인 자원 활용 등의 강점을 통해 업무의 효율성과 팀 내의 업무 수행 능력을 높일 수 있다.

SJ형 팔로워는 항상 현실적인 시각을 가지고 일을 처리하므로, 팀 내에서 문제가 발생했을 때 효율적인 대처 방법을 제시하거나 문제를 미리 예방하기 위해 계획한다.

실용적인 SJ형 팔로워는 대부분 이전의 경험과 노하우를 활용하여 업무를 처리하므로 결과물의 품질과 정확도를 높일 수 있다.

### ▶ 집중

SJ형 팔로워는 탁월한 집중력을 가지고 있어 짧은 시간에 업무를 파악하고 진행할 수 있다. 이들은 한번 마음잡고 업무를 시작하면 긴 시간 동안 흐트러지지 않고 업무에 집중한다. 업무를 마칠 때까지 지속해서 작업에 집중할 수 있는 SJ형 팔로워의 높은 집중도는 곧 생산성이 높다는 것을 의미한다. 높은 집중력이 필수적인 직무라면 더욱 큰 장점으로 작용할 수 있다.

주어진 일에 대해 명확하고 구체적인 목표를 가지고 계획을 세우는 SJ형 팔로워의 업무 방식도 집중력을 높이는 데 기여한다. 세부 사항에 주의를 기울이며, 목표를 달성하기 위해 체계적으로 계획을 수립하는 SJ형 팔로워의 성향은 일의 성격이 반복적이고 정형화된 경우에 특히 적합하다.

또한, 이들은 일의 진행 상황을 지속해서 모니터링하는 습관을 통해 나뿐만 아니라 타인의 업무 진행도를 관찰하여 도움을 주기도 한다.

## ▶ 효율 추구

SJ형 팔로워는 일의 목적과 가치를 인식하고, 이를 실행에 옮기기 위해 노력한다. 세부적인 계획을 세우는 SJ형 팔로워의 업무 방식은 업무를 효율적으로 처리하기 위해 필요한 시스템과 프로세스를 구축하려는 목적에서 비롯된다. 일의 우선순위를 파악하고 효율적으로 일정을 조율하고자 하며, 업무에 대한 책임감이 강하다. 일을 완료하기 위해 어떤 방법이 적절한지에 관심이 있고 업무의 진행 속도가 빠른 편이며, 팀 내에서 업무에 필요한 자원을 적절하게 배분하고 활용할 수 있다는 강점을 가진다.

### 회사에서 SJ형 팔로워의 강점을 활용하는 법

- 주제에서 벗어나지 않도록 회의를 이끌어갈 수 있다.
- 단기간에 집중해서 성과를 내야 하는 TFT에서 활약할 수 있다.
- 현실적인 감각으로 조직의 목표를 설정하는 직무에서 집중력을 발휘할 수 있다.
- 효율 추구의 강점을 활용하여 업무 방법 개선 분야에서 활약할 수 있다.
- 인내심과 규율을 준수하는 성향을 지니고 있어 업무 중 어려움에 직면하더라도 일을 끝까지 이끌어나갈 수 있다.

## 2. 호기심 가득한 자유영혼 유형(SP형 팔로워)의 대표 강점: 개방성, 적응, 유연함, 빠른 대처

### ▶ 개방성

개방적인 성향을 가진 SP형 팔로워는 조직 내에서 창의적인 아이디어를 이끌어내고 협업 능력, 문제해결 능력, 변화 수용 능력, 개선 제안 등 다양한 업무 수행 능력을 발휘하여 조직의 성과 향상에 큰 역할을 할 수 있다.

SP형 팔로워는 새로운 아이디어를 받아들이는 능력이 뛰어나 다른 사람의 의견을 긍정적으로 수용하고 문제해결을 위한 창의적인 아이디어를 제공하기도 한다.

개방적인 사람은 다양한 관점에서 문제를 바라볼 수 있고, 이러한 시각을 활용하여 조직 내에서 발생하는 문제나 개선할 부분을 빠르게 파악, 개선 방안을 제시할 수 있기 때문에 문제해결에 큰 도움을 준다.

### ▶ 적응

SP형 팔로워는 새로운 아이디어나 변화를 받아들이는 능력이 뛰어나 조직 내에서 변화에 빠르게 적응하고 대처할 수 있다. 감각적으로 변화하는 상황에 빠르게 적응하는 SP형 팔로워는 새로운 환경이나 변화에 대한 두려움이 적다. 문제에 직면했을 때 당황하지 않고 즉각적으로 행동해 해결책을 찾으며, 다양한 경험을 통해 풍부한 지식과 경험을 쌓아가므로 새로운 상황에 적응하는 능력이 뛰어난 것이다. SP형 팔로워는 특히 업무와 관련된 시장 동향을 잘 파악하고 있다. 잘 축적된 정보들을 활용하여 새로운 기술이나 업무의 동향을 잘 예측하므로 새로운 상황에 빠르게 대처하고 문제를 해결할 수 있다.

### ▶ 유연함

새로운 상황에 빠르게 적응하는 적응력을 바탕으로 SP형 팔로워는 갑자기 발생하는 돌발상황에도 다양한 방법으로 대처할 수 있다. 업무 상황에서 새로운 문제가 발생했을 때, SP형 팔로워는 다양한 대처 방법을 고려하여 적절한 해결책을 마련할 수 있다. SP형 팔로워의 유연함은 조직 내에서 다양한 업무에 대응할 수 있기 때문에 분야를 넘나들며 활약하며 개성이 강한 동료들 사이에서도 인기가 많다.

### ▶ 빠른 대처

갑작스러운 문제가 발생했을 때, SP형 팔로워는 빠른 속도로 대처히여 상황을 해결할 수 있다. 이들은 상황에 대한 민감도가 높아 빠르게 문제를 파악하고 적절한 조처를 하고자 한다. 빠른 속도를 추구하는 조직에서 긴급한 상황에 대처하는 데 매우 유용한 강점이다. 빠른 대처를 통해 업무 효율을 높이는 것은 물론, 업무의 질을 향상하는 데에도 도움이 된다.

**회사에서 SP형 팔로워의 강점을 활용하는 법**

- 회사의 신규 사업, 미래 사업에 대한 사업적인 기회를 포착할 수 있다.
- 새로운 시각으로 문제를 빠르게 해결하므로 고객과의 협상에서 예상치 못한 고객 만족을 이끌어낼 수 있다.
- 갑자기 발생하는 돌발상황에 빠르게 대처할 수 있다.
- 자유로운 상상력을 발휘할 수 있는 강점을 광고, 홍보, 마케팅 등의 분야에 활용할 수 있다.
- 다양한 문화를 이해하는 강점을 바탕으로 여러 나라의 사람들과 원만하게 일할 수 있다.

## 3. 자신감 넘치는 차도남녀 유형(NT형 팔로워)의 대표 강점: 전문성, 도전, 업무혁신, 목표 달성

▶ **전문성**

NT형 팔로워는 자신이 보유한 지식을 다른 팀원들과 공유하는 것에 적극적이고 학습 문화를 조성하여 조직이나 팀의 역량을 높이기 위해 열심히 노력한다. 지식을 공유하는 활동은 팀 내에서

협력과 업무 효율성을 높이며 서로의 역량을 키워가는 좋은 결과로 이어질 수 있다.

전문성을 중시하는 NT형 팔로워는 자신의 전문 분야에서 새로운 기술이나 방법론을 개발할 수 있는 능력을 갖추고 있는 경우도 많아, 이러한 능력을 활용하여 조직의 발전을 이끌어갈 수 있다. 이들은 자신의 전문 분야에서 경험이 많으며, 이미 다른 팀원들보다 높은 전문성을 보유하고 있지만 이에 안주하지 않고 계속해서 학습하고 개발하려고 한다. 이러한 NT형 팔로워의 모습은 동료들에게 큰 귀감이 되며 개인의 역량 개발에도 도움이 될 수 있다.

### ▶ 도전

도전정신이 강한 NT형 팔로워은 새로운 아이디어를 제안하고, 문제 해결에 적극적으로 임한다. 도전하는 태도는 개인의 성장과 발전에도 큰 영향을 미치며, 조직 내에서 높은 역량을 가진 인재로 성장할 수 있다.

이들은 새로운 시도와 실험을 두려워하지 않으며, 새로운 아이디어를 제안하는 것에 열린 마음을 가지고 있다. 또한 문제를 해결하는 데 있어서 자신감이 있으며, 적극적으로 도전하는 태도는 문세 상황에서도 긍정적인 마인드를 유지할 수 있도록 하며, 다양하고 새로운 방법을 시도하는 과정을 거치면서 문제해결 능력을 강화할 수 있다.

도전정신이 강한 사람은 새로운 도전을 선도하고, 동료들을 북돋아 이끌어나갈 수 있으므로 추후 리더로서 큰 경쟁력을 가진다. 특히 이들은 지속적인 도전과 과제를 수행하면서 역량을 더욱 발전시킬 수 있다. 이들에게 다양한 경험은 개인의 성장과 발전에 큰 영향을 미칠 수 있으며, 조직 내에서 더욱 가치 있는 인재로 성장할 수 있게 해주는 원동력이 된다.

**▶ 업무 혁신**

앞서 나왔던 도전의 강점을 바탕으로 NT형 팔로워는 문제에 대해 다양한 관점으로 생각하는 것을 좋아하고, 새로운 방식으로 업무에 접근한다. 이런 과정을 통해 혁신적인 아이디어를 만들어 낼 수 있기 때문에 프로젝트의 기획에 매우 유리하다. NT형 팔로워는 적극적인 제안, 참여의 태도를 보이며 조직 내에서 혁신에 관련된 역할을 수행하는 것을 즐긴다. NT형 팔로워에게서 나온 창의적인 생각은 업무 혁신이라는 방법을 통해 조직의 경쟁력을 높이는 데 기여할 수 있다.

**▶ 목표 달성**

NT형 팔로워는 목표를 설정하고 이를 달성하기 위해 필요한 전략을 구상하는 능력이 뛰어나다. 전략을 기획하는 동시에 이를 효율적으로 실행할 수 있는 계획력과 실행력도 가지고 있다. 차근차근 목표를 달성할 수 있는 계획을 세우고 이를 달성하는 과정을 통해 성장의 기쁨을 느끼는 것이다. 조직 내에서 목표 달성은 매우 중요한 과제이기 때문에 이를 적극적으로 수행해나가는 NT형 팔로워는 조직의 성과를 높이는 데 큰 도움이 된다.

### 회사에서 NT형 팔로워의 강점을 활용하는 법

- 불확실성이 높은 신규 사업 또는 제품 개발 등 기존에 없는 것을 창조하는 업무에 두각을 나타낼 수 있다.
- 문제해결을 위한 전략 수립, 컨설팅 등 다양한 방법을 스스로 제안하는 업무를 잘할 수 있다.
- 영업, 마케팅 현장 등 경쟁사와의 치열한 경쟁에서 승리욕을 바탕으로 업무를 수행할 수 있다.
- 최상의 결과를 추구하는 성향으로 품질, 서비스를 완벽하게 관리해낼 수 있다.
- 기술이나 방법을 개발하고 연구하는 직무에서 성과를 낼 수 있다.
- 객관적인 자료를 통해 판단하는 데이터 관련 업무에서 강점을 활용할 수 있다.

## 4. 따뜻한 마음씨의 공감대장 유형(NF형 팔로워)의 대표 강점: 공감, 협업, 따뜻함, 성장지원

### ▶ 공감

NF형 팔로워는 타인의 감정과 상황을 이해하며, 상대방의 입장에서 생각할 줄 안다. 따라서 갈등 상황에서 갈등을 해소하고, 원활한 업무 수행을 돕는 역할에 적합하다. 기본적으로 동료와의 관계를 원만하게 유지하는 NF형 팔로워는 타인의 감정을 이해하며 신뢰를 쌓을 수 있는 환경을 조성하기 때문에, 동료들에게 높은 신뢰를 받는다. 타고난 공감 능력을 발휘하여 팀워크를 만들고 유지하는 데 힘쓰고, 협업을 통해 조직의 목표를 달성하는 데 큰 역할을 한다.

또한 고객의 입장에서 고객의 요구사항을 이해하며, 불만이나 요청사항을 적극적으로 수용하므로 고객 만족도를 향상하는 직무에 활용할 수도 있다. 타인의 관점에서 생각하는 NF형 팔로워의 공감 강점은 다양한 아이디어와 창의적인 해결책을 제시하는 데에도 사용된다.

### ▶ 협업

NF형 팔로워는 협업 강점을 통해 갈등을 해결하고, 서로 간의 소통을 촉진하는 방법으로 팀의 성과 향상에 기여할 수 있다. 이들은 다른 구성원과 함께 문제를 해결하고, 의견을 나누며 업무를 분담함으로써 업무를 보다 효과적으로 수행할 수 있다. 동료들과 함께 목표를 공유하고, 이를 위해 함께 노력하는 업무에서 역량을 발휘한다. 타인의 의견을 존중하고, 이해하려는 노력을 기울이는 태도를 가지고 있어 팀 내 갈등을 미연에 방지할 수 있으며, 혹시 갈등이 발생하더라도 수월하게 해결할 수 있는 편이다.

또한 자기 일에 머무르지 않고, 동료와의 협력을 통해 성과를 이루는 NF형 팔로워의 모습은 다른 구성원들 사이에서 신뢰를 얻을 수 있다. 이들은 본인이 속한 조직 내부의 소통을 원활하게 하기 위해 큰 노력을 기울인다. 소통에 문제점이 있다면 적극적으로 나서서 개선하고 정보 공유를 원활하게 하여 결과적으로는 팀의 성과 향상에 기여할 수 있는 것이다.

### ▶ 따뜻함

주변 사람과의 관계를 중요하게 생각하는 NF형 팔로워는 커뮤니케이션 상황에서 따뜻하고 친근한 분위기를 조성한다. 상냥한 말씨와 부드러운 표정으로 대화하는 태도는 동료들에게 긍정적인 영향을 끼친다. 앞서 언급한 공감 능력의 강점과 더불어 동료에게 따뜻한 마음으로 다가가는 것은 조직 내 갈등을 조율하는데 매우 유용하게 사용될 수 있다. 조직 내의 긴장감을 줄이고 경직된 분위기를 밝게 풀어주는 NF형 팔로워를 주축으로 팀워크를 개선할 수 있기 때문이다.

### ▶ 성장 지원

NF형 팔로워는 다른 사람들의 성장과 발전을 도와주는 것을 즐기며, 동료의 잠재력을 발견하고 이끌어내는 능력이 뛰어나다. 동료를 경쟁자로 생각하기보다는 그들의 능력을 인정하고 조직 내에서 발휘할 수 있는 환경을 조성하기 위해 돕는 것이 NF형 팔로워의 성장지원 강점이다. 이를 통해 조직 내에서 인재를 발굴하고 성과를 향상하는 데 큰 역할을 할 수 있다. 타인을 돕고 지원하는 것을 즐기며 존중과 수용의 태도를 보유한 NF형 팔로워는 조직문화 개선 및 동기부여 향상의 역할에 적합하여 조직 내에서 장차 리더십을 발휘할 수 있을 것으로 기대된다.

회사에서 NF형 팔로워의 강점을 활용하는 법

- 고객의 요구를 빠르고 정확하게 파악할 수 있어 서비스, 제품의 품질을 향상할 수 있다.
- 이들의 대화 방식은 상대방에게 신뢰감을 주기 때문에 영업, 설득 직무에도 도움이 된다.
- 조직문화 개선, 인재 발굴과 성장 등에 관심이 많으므로 인사, 교육 직무

에도 잘 어울린다.

- 조직에 적응해야 할 신규, 경력사원이 있다면 NF팔로워가 도움을 줄 수 있다.

- 조직 내부의 갈등 상황이 있을 때 중재자의 역할을 잘 수행할 수 있다.

6부

# MBTI
# 소통의 달인

'대화는 사람을 나타내는 창'이라고 하듯 MBTI에서 유형별 개성과 특징은 소통 간에 더 뚜렷하게 나타난다. MBTI를 연구하는 전문가들은 서로 대화하는 모습만 관찰해도 그 사람의 MBTI 유형이 무엇인지 높은 확률로 추론이 가능하다고 한다. 이번 장은 각 선호 유형을 바탕으로 같은 유형 및 다른 유형끼리의 소통 스타일, 더 나은 소통을 위한 제안사항으로 구분하였다. 나의 평소 소통 방식을 인지하고 상대방의 선호 유형에 따라 어떤 소통 방식을 사용하면 좋을지 해답을 찾는 시간이 되길 바란다.

## 에너지의 방향: 외향(E)과 내향(I)의 소통

MBTI 유형 중 외향(E)과 내향(I)은 에너지의 방향을 의미하며,

소통에 들어가는 에너지, 대화의 빈도와 방향성을 통해 소통의 스타일을 알 수 있다. 외향형(E)은 타인에게 먼저 다가가고 다수와의 다양한 관계를 추구하는 소통방식으로 매력적이고 열정적이며 사교적인 성격으로 인식된다. 하지만 자기 표현하기를 선호하고 먼저 행동이 앞서는 경향으로 인해 소란스럽고 자기 표현이 지나치며 참견을 자주하는 것처럼 보이기도 한다.

내향형(I)은 먼저 생각을 정리한 뒤 소통하는 것을 선호한다. 이런 방식으로 인해 신중하고 차분하다고 인식되기도 하지만 말수가 없는 편으로 쌀쌀맞게 보일 수 있다. 정리된 생각을 표현하지 못하고 속으로만 삭이는 답답한 상황도 가끔 벌어진다.

### 외향형(E)의 소통

외향형(E)끼리의 소통은 대화의 주제를 열고 먼저 나누는 능동성을 바탕으로 활발하게 이루어진다. 다른 사람과 생각이나 의견을 나누는 것에 익숙하고 다양한 주제에도 활동적으로 참여한다. 그러나 대화의 주제나 안건과 관계없이 외향형(E)만의 선호가 극단으로 집중될 경우 다음과 같은 문제가 발생할 수 있다. 말하는 것이 우선되어 듣는 사람이 없고, 지나친 소통 논쟁으로 연결되는 것이다. '사공이 많으면 배가 산으로 간다'는 말처럼 정작 중요한 말이 오가도 대화의 홍수 속에 깊이 있게 다루어지지 못한다. 회의를 하면서 이런 어려움이 발생한다면 회의록을 함께 정리하거나, 회의 전 안건을 미리 숙지하고 참여하는 방법 등이 도움이 된다.

외향형(E)이 내향형(I)과 소통할 때는 '여유'가 필요하다. 내향형(I)에게는 메시지도 중요하지만 메시지를 전달하고 있는 대상과 상황에 대한 신뢰가 필요하다. 바로 본론으로 들어가기에 앞서 대화를 나누고 있는 '대상과의 관계', 라포 형성Rapport building이 중요하다는 것을 잊지 말자. 또한 외향형(E)의 표현과 적극성이 때로는 의사결정에 시간이 필요한 내향형(I)들에게 부담스럽게 작용한다. 내향형(I)에게 무언가를 묻고 들을 때는 즉각적인 대답을 기대하기보다 생각을 정리할 수 있는 시간을 충분히 주도록 하자.

## 내향형(I)의 소통

내향형(I)끼리의 소통은 다소 정적이다. 처음 대화를 여는 것도 쉽지 않지만 그 대상이 처음 만나는 대상일 경우 대화를 시작하는 것은 더 어려움이 있다. 하지만 내향형(I)의 소통에서 '정적인 것'의 의미는 주제와 내용에 대해 겉으로 표현하지 않는 것일 뿐 생각을 정리하고 말하기 위한 준비 과정이다. 내향형(I)은 밀접한 소수의 사람과 깊고 오래가는 관계성을 지향한다. 이미 라포가 형성되어 서로 생각을 나눌 수 있는 대상과는 외향형(E)들보다 더 깊은 이야기를 나누고 소통할 수 있다.

내향형(I)이 외향형(E)과 소통할 때는 '적극성'이 필요하다. 외향형(E)은 내향형(I)과 대화를 나누다 보면 '잘 경청해준다'라고 인식하는 경우도 있지만, 대부분은 '반응하지 않는다', '답답하다'라고 인식하기도 한다. '대답이 없다' 혹은 '생각과 의견을 말하지 않아 혼자 말하는 것 같다'는 느낌을 받기 때문이다. 이런 점을 개선하기 위해서는 직접적으로 생각과 의도를 표현하고자 하는 노력이 필요하다. 특히 중요한 내용을 말할 때는 힘있게, 적극적으로 말하는 것이 좋다. 외향형(E)과 대화하던 중 잠시 생각하기 위해 가지는 내향형(I)의 침묵이 외향형(E)에게는 동의의 표시로 인지될 수 있으니 "잠깐 생각할 시간을 가질까요?"라고 직접적으로 표현해야 한다.

### 정보 인식: 감각(S)과 직관(N)의 소통

대화는 무엇인가를 인식하면서 시작된다. 그래서 정보 인식의 선호 유형은 소통 방식의 큰 차이를 가져온다. 다음의 대화에서 사실과 실제적인 정보를 선호하는 감각형(S), 가능성과 포괄적인 개념을 선호하는 직관형(N)의 차이점을 확인할 수 있다.

감각형(S)  지금 몇 시인가요?

직관형(N)  약속 시간에 늦었습니다.

감각형(S)  지금 몇 시인데요?

직관형(N)  출발할 시간이 지났습니다.

감각형(S)  그러니까 지금 몇 시인 거냐고요!

직관형(N)  2시 조금 지났습니다. 바로 출발해야 해요. 지금도 늦었어요.

감각형(S)  아니, 시간을 물어봤는데 왜 자꾸 다른 이야기를 해요. 나도 늦은 건 알아요.

직관형(N)  늦어서 늦었다고 말씀드린 건데 왜 화를 내시나요.

감각형(S), 직관형(N)  ……


오감을 통한 정확한 정보를 추구하는 감각형(S)은 실제적인 정보를 원한다. 그가 원한 답은 약속에 늦었는지가 아니라, 정확한 시간에 대한 정보였다. 반면 정보를 통해 영감을 얻는 직관형(N)은 다소 극단적 사례이지만 서로 다른 대화 방식으로 인해 갈등이 생기는 것을 보여준다.

감각형(S)은 실용적이고 정확한 정보를 추구하지만 '뾰족한 만큼 날카롭다'는 말처럼 '깐깐하다', '강박적이다'라고 인지될 수 있다. 직관형(N)은 정보에서 한 번 더 생각하고 확장하여 인식하기에 '상상력이 풍부하고 통찰력이 뛰어나다'라는 말을 들을 수 있지만 '주상적이다', '주제에서 벗어난다'라는 이야기를 들을 수도 있다.

## 감각형(S)의 소통

감각형(S)끼리의 대화는 정보의 교환과도 같다. 구체적인 사실과 근거를 중요하게 생각하기 때문에 정확한 데이터를 나눈다. 현실적이고 실용적인 것을 선호하기 때문에 소통 시에도 효과와 효율성을 중요하게 생각하며, 나눈 정보들을 이해하고 평가하며 활용한다. 이런 감각형적 소통 방식은 과거에 선례가 있었던 일들이나 프로젝트에서는 효과적으로 수행하는 것에 도움이 된다. 반면 검증된 정보나 경험이 없는 신규 업무의 경우 빠른 처리에 어려움을 겪는다. 정보를 활용하여 지식과 지혜를 만들기 위해서는 감각과 직관이 함께 활용할 수 있도록 하는 다양한 관점이 필요하다.

감각형(S)과 직관형(N) 간의 소통에서는 '폭넓은 관점'이 필요하다. 감각이 곧 영감을 얻을 수 있는 신호라고 생각하는 직관형(N)은 사과를 보고 '빨갛다, 새콤달콤'과 같은 감각적 요인보다 '뉴턴, 스티브잡스, 백설공주'와 같은 영감을 얻는다. 이러한 직관형(N)의 대화는 다소 비약적으로 전달될 수 있기 때문에 말에 담긴 의미가 무엇인지 과정을 이해하는 노력이 필요하다. 직관형(N)이 회의를 하다가 안건에서 확장된 거시적인 관점을 제시한다면 곧바로 '안 된다'라고 부정하기보다 가능성에 대하여 생각해보고 추후 더 논의하려는 태도가 필요하다.

## 직관형(N)의 소통

직관형(N)끼리의 대화는 다양한 관점에서 확장적이고 비유적인 표현을 사용하기 때문에 이야기거리가 끊이지 않고 풍성하다. 하지만 때로는 주제와 논점을 잃어버리고 대화가 산으로 가는 경우가 종종 있다. 창의적인 도전과 새로움에 대한 독창성을 추구하기에 A라는 주제에서 A+@가 되는 것이 아니라 어느새 B로 주제가 바뀌어 버리는 경우도 발생할 수 있다. 직관형(N)끼리의 소통에서는 대화의 내용이 주제와 안건에서 벗어난 것이 아닌지 중간중간 의식적으로 확인하는 노력이 필요하다. 또한 대화를 하면서 나온 의견이나 아이디어가 당장의 주제와 맞지 않더라도 추후 유용하게 쓰일 수 있으니 잘 기록해두는 것도 좋다.

직관형(N)과 감각형(S)의 소통에는 '체계'가 필요하다. 감각형(S)은 '기승전결'과 같이 단계별로 이루어지는 소통 방식을 선호한다. 의견을 전달할 때 직접적으로 명료하게, 일정한 방식을 사용한다면 보다 효율적으로 소통할 수 있다. 그런 노력이 절차라고 느껴질 수도 있지만, 감각형(S)의 관점에서는 절차가 미비한 경우 현실성이 떨어진다고 받아들이기 때문에 직관형(N)의 창의성에 구체성과 현실성을 더할 필요가 있다.

## 의사결정: 사고형(T)과 감정형(F)의 소통

사고형(T)과 감정형(F)은 결정에 관련된 유형이기 때문에 서로에 대한 이해가 부족할 때 갈등이 가장 빈번하게 발생한다. 동일한 상황에서 사고형(T), 감정형(F)의 대처가 전혀 다르기 때문이다. 만약 점심 식사 이후 함께 일하는 동료가 소화가 안 되어 불편하다며 힘들어하는 모습을 본다면 당신은 어떻게 반응하겠는가?

사고형(T)  약 먹었어요? 병원 갈래요?

감정형(F)  괜찮아요? 힘들어서 어떻게 해…. 어쩐지 아까 밥 먹는데 잘 못 먹더라.

사고형(T)과 감정형(F) 모두 '괜찮아요?'라며 동료를 걱정하는 마음은 같을지 모르지만 사고형(T)은 '약을 먹거나, 병원에 간다'라는 문제해결에 초점을 맞추었고, 감정형(F)은 상대에 대한 아픔과 어려움을 공감하는 관점에서 소통한다. 흔히 사고형(T)은 머리로 결정하고, 감정형(F)은 가슴으로 결정한다고 하는데 선택과 결정에 대한 근거가 소통 방식으로 표현되면서 '서로 다르다'고 느끼게 되는 갈등 요인이 된다.

사고형(T)은 외부 관찰자의 관점에서 객관적이고 논리적인 해결을 추구하기 때문에 '명료하고, 공정하다'로 인식될 수 있다. 반면에 사고형(T)이 지나칠 경우 인정이 없고 냉철하다는 부정적 평가를 받을 수 있다. 감정형(F)은 관계와 조화를 중요하게 생각하기 때문에 공감과 칭찬이 뛰어나고 인정해주고 배려해주는 동료, 상사로 인식될 수 있다. 반면 관계가 중요하고 주관적인 가치가 판단의 기준이 되는 경우에는 '의견이 모호하다', '객관성이 부족하다'와 같이 부정적 평가를 받을 수 있다.

### 사고형(T)의 소통

사고형(T)끼리의 대화는 논리적이다. 주제 및 안건에 대하여 다른 유형들보다 비교적 빠르게 의사 결정되며 결정 이후 명확하게 진행하고자 노력한다. 소통의 중간 과정에도 틀린 점은 없는지 문제를 찾고 객관적으로 평가하는 부분에 있어 공평함을 중요하게 여긴다. 하지만 이 과정에서 함께하는 대상들의 정서적, 관계적인 요소가 누락될 수 있다. 객관성과 논리성은 양날의 검과 같다. 정의롭고 공평하게 일이 진행될 수 있지만 객관성이라는 기준 속에 미처 반영되지 않은 주관적 요소들이 있기 때문이다(개인들의 상황과 입장이 배제되어 공정하지는 않을 수 있기 때문이다). 사고형(T) 끼리의 대화에서는 명확하고 빠른 의사결정도 좋지만 잠시 주변을 돌아보고 챙기는 여유도 필요하다.

사고형(T)과 감정형(F)의 대화에는 '조심함'이 필요하다. 예를 들어, 사고형(T)이 감정형(F)과 의견이 달라 다른 관점을 이해하기 위해 질문을 던지지만 감정형(F)은 이를 공격적이라고 느낄 수도 있기 때문이다. 사고형(T)의 의도와는 달리 감정적으로 해석될 수 있음을 유의해야 하며, 만약 갈등 상황이 생긴다면 인간적인 모습을 보여줄 필요가 있다. 감정형(F)에게 소통은 정보의 공유이기도 하지만 관계의 시작이고 마음을 나누는 것이라 생각하기에 업무적인 대화 뿐 아니라 관계를 쌓기 위한 개인적인 이야기도 감정형(F)과의 소통에 도움이 될 수 있다.

## 감정형(F)의 소통

일반적 상황에서의 감정형(F)끼리의 소통은 따뜻하다. 공감과 칭찬을 잘하고 관계와 조화를 중요하게 생각하는 감정형(F)은 기본적으로 상대를 배려하고 갈등을 피하기 때문이다. 하지만 문제 상황에서 감정형(F) 간의 소통은 갈등이 더 깊어질 수 있다. 감정과 상황을 고려하여 의사결정을 하기 때문에 문제를 보지 못하거나 외면하는 경우가 생기기 때문이다. 다른 사람들이 의사결정을 이해하고 받아들일 수 있도록 설득하는 감정형(F)의 노력이 조직 내에서 받아들여지지 않는 경우도 많다. 따라서 기준과 원칙을 정하고 필요하다면 그 안에서 명확한 결정을 내릴 수 있는 의사소통을 해야 한다.

감정형(F)과 사고형(T)의 대화에는 '과감함'이 필요하다. 관계와 조화를 중요하게 생각하는 감정형(F)은 말하는 데 신중함과 조심스러움이 있다. 에너지 방향이 내향형(I)일 경우 더 두드러지게 나타난다. 다른 사람의 입장을 고려하기 때문에 섣불리 말을 꺼내지 못하고, 사고형(T)의 말과 질문에 상처받기도 한다. 하지만 사고형(T)의 대화와 비판이 당신을 향한 것이 아니라 문제에 대한 것임을 기억할 필요가 있다. 사고형(T)과 대화할 때는 객관적인 관점에서 논리적으로 전하는 것이 가장 효과적이며 때론 부정적인 의견을 전하더라도 그에 대한 죄책감을 가질 필요는 없다.

### 생활양식: 판단형(J)과 인식형(P)의 소통

판단형(J)과 인식형(P)은 삶의 양식, 지향점을 보는 것으로 소통의 방식과 기준에 많은 영향을 미친다. 판단형(J)은 본론이 먼저 나오는 두괄식을 선호하고, 인식형(P)은 방식에 관계없이 필요에 따라 유연함을 발휘하는 방식을 선호한다. 조직 내에서 이들의 차이는 문서작성 방식을 통해 확인할 수 있다. 판단형(J)과 인식형(P)에게 1박 2일 팀 워크숍 일정을 짜오게 했을 경우를 생각해보자.

- 2가지 이상의 보고양식을 준비하고 구체적인 타임테이블이 있는

계획적 J

- 장소와 식당 메뉴 등 큼직한 내용 위주로 작성한 P

판단형(J)과 인식형(P) 모두 워크숍을 가서 유익한 시간을 보내고 오겠다는 같은 목표를 가지고 있지만 그것을 풀어내는 방식은 다소 차이가 있다. 판단형(J)은 시간에 대해 정확하고 주어진 요소와 상황을 통제하고자 하는 특징이 있다. 특히 사고형(T)과 함께할 경우 그 특징이 더 두드러진다. 체계적인 것을 선호하는 판단형(J)의 특징이 소통 상황에서 부정적으로 나타나는 경우가 있는데, 상대에게 자신의 방식을 강요하거나 융통성이 없는 소통 방식을 보일 수 있다. 반면 시간과 계획에 유연하고 융통성 있는 인식형(P)은 다양성을 존중하고 가능성을 열어두는 개방성이 특징이다.

### 판단형(J)의 소통

판단형(J)끼리의 소통은 규칙적인 특징을 보인다. 계획된 시간과 주어진 양식, 정확한 순서에 맞춰진 조직화된 생활 양식이 소통에도 나타난다. 판단형(J)은 체계와 규율을 잘 따르는 편으로 수직적 관계에서는 서로 부딪침이 덜하지만 수평적 관계에서는 도리어 소통 간에 문제가 발생할 수 있다.

판단형(J)과 인식형(P)의 소통에는 '갈등 해소 스킬'이 필요하다. 상급자가 판단형(J)이고 하급자가 인식형(P)인 수직적 관계일 경우 빈번한 갈등이 발생한다. 이는 계획적이고 체계적인 것을 선호하는 판단형(J)과 개방적이고 유연함을 추구하는 인식형(P)의 입장과 관점이 서로 다르기 때문이다. 판단형(J)은 정해진 양식과 틀에 맞추는 보고서를 선호한다. 하지만 유연함을 추구하는 인식형(P)은 양식에 구애받지 않고 필요에 따라 유연하게 대처하는 것을 선호하고, 마감 기한에 임박하여 업무에 착수하기 때문에 보고 및 소통의 과정에서 갈등이 발생하는 것이다. 이런 경우 서로 중간 지점을 맞출 수 있도록 업무의 프로세스를 정의하고 함께 일하는 방식 '그라운드룰'을 정하는 것도 도움이 된다.

## 인식형(P)의 소통

인식형(P)끼리의 소통에는 '유연함'이 있다. 소통의 유연함은 곧 편안함이라고 할 수 있다. 자연스러운 대화의 과정에서 더 폭넓은 소통이 가능하기 때문에 정해진 장소나 형식이 아니더라도 편한 소통이 가능하다. 새로운 것을 추구하는 경향이 있어서 생소한 주제에도 잘 참여하며 소통이 원활하다. 하지만 이런 유연함으로 인해 소통에 더 많은 시간이 걸리기도 한다. 인식형(P)에 직관형(N)의 선호 유형이 함께할 경우 자칫하면 대화가 산으로 가는 것을 넘어 우주까지 뻗어나갈 수도 있다.

인식형(P)과 판단형(J)의 소통에는 '약속'이 필요하다. 판단형(J)은 미리 계획을 세워 일하는 것을 선호한다. 따라서 인식형(P)의 상급자가 유연함이라는 명목으로 판단형(J)의 업무 계획을 예고 없이 변경하는 상황이 불편할 수 있다. 미리 생각해둔 일정이 틀어짐으로써 그 뒤에 세워 둔 계획들이 도미노처럼 무너지기 때문이다. 인식형(P)은 판단형(J)이 규칙적으로 움직이는 것을 선호하며 업무 간에 갑작스러운 변동사항이 주요 스트레스 요인임을 기억해야 한다.

### 문제를 해결하는 MBTI 소통 활용법

MBTI 선호 유형별 소통의 특징은 각기 다르다. 하지만 어떤 유형도 뛰어나거나 부족하다는 것이 아니라 각 유형의 서로 다름을 이해하는 것이 가장 중요하다. '어느 한쪽으로 치우치지 않는 바른길'을 뜻하는 중도中道와 균형 있는 소통의 방식이 가장 이상적이겠지만, 현실적으로 불가능에 가깝다. 서로의 다름을 알고 이해하고 존중한다면 소통의 과정에서 우리가 느꼈던 어려움과 소통비용도 줄일 수 있다. 더 나아가 조직의 문제나 어려움을 해결하는 데 우리의 다름을 활용해보자.

문제가 발생하였을 때 객관적인 인지능력을 활용하여 감각형

(S)이 문제를 진단할 수 있다. 그리고 객관적인 정리된 사실을 폭 넓은 시선으로 바라보는 직관형(N)과 소통하며 의미를 확장하자. 사고형(T)은 논리적으로 문제가 있는지 인과관계를 판단하고, 감 정형(F)과의 소통을 통해 조직에 미칠 수 있는 영향들을 주관적 으로도 살핀다면 우리의 다름을 활용하여 조직 내 어려움을 해결 할 수 있을 것이다.

부록

# 16가지
# 직장인 유형
# 집중 탐구

# ISTJ
## 철두철미한 프로 계획러
### 내향, 감각, 사고, 판단

- 사무실에 도착하면 다이어리부터 펼치는 철저한 계획주의자입니다.
- 조직에서 원리원칙으로 살아갑니다. 원칙을 법처럼 지켜나갑니다.
- 포기는 배추를 셀 때나 쓰는 것, 내 인생에 포기란 없다라고 생각합니다.
- 한점 흐트러짐도 용납하지 않으며 완벽을 추구하는 완벽주의 스타일입니다.
- 납기 준수! 주어진 과업은 반드시 주어진 시간 내에 진행합니다.
- 이상보다는 현실, 세상 제일의 현실주의자입니다.
- 표현하지 않을 뿐, 사소한 것들도 잊지 않고 기억합니다.
- 논리와 객관을 중요하게 생각하며 비효율적인 것, 비생산적인 것을 무척 싫어합니다.

- 동료들과 협업한다면 프로 계획러의 강점을 살려 주도적으로 계획을 수립해주세요.

- 칭찬은 고래도 춤추게 합니다. 정서적인 칭찬과 표현을 자주 해주세요.

- 지금까지 해오지 않은 방식에 대해 낯섦이 있습니다. 상황의 변화에 따르는 내용은 미리 익히고 학습하는 노력이 필요해요.

- 본인이 선입견을 가지고 사건이나 사람을 보고 있지는 않은지 스스로 점검이 필요해요.

**대표인물: 이국종 교수**

#책임감 #철두철미 #원리원칙 #계획주의 #성실노력형

# ISFJ
## 성실한 이타주의자
### 내향, 감각, 감정, 판단

- 내향적인 사람 중에 가장 외향적인 유형으로 평소 사람에 대한 관심이 많습니다.

- 사람에 관한 관심으로 사소한 것도 잘 기억하는 관찰자이자 세심함의 끝판왕입니다.

- 나보다도 남을 먼저, 배려의 아이콘입니다.

- 하지만 때론 너무 배려하다가 손해를 보기도 합니다.

- 어디서든 잘 적응하고 폭넓게 친밀한 관계를 유지합니다

- 느린 것처럼 보일 수 있지만, 사실은 꼼꼼함을 추구하고 세심한 완벽주의자입니다.

- 나서는 건 싫지만, 관심은 받고 싶은 오묘한 심리가 있습니다.

- 안정적인 삶을 지향하지만 존중하는 상황 속에서의 변화는 잘 받아들입니다.

- 계획을 먼저 세우고 계획에 맞춰 실천하는 계획주의자입니다.

- 본인의 생각과 공을 상대방이 명확히 이해할 수 있도록 표현하는 것이 중요합니다.

- 동시에 여러 가지의 일을 해야 한다면 우선순위를 정해 한 가지씩 해결해나가는 것도 좋습니다.

- 다양한 변수가 발생할 수 있음을 염두하고 유연하게 대처하는 노력이 필요합니다.

- 늘 남을 섬세하게 배려하는 만큼 타인의 무심함에 상처받을 수 있어요. 상처를 쌓아두기보다 표현하는 노력을 해보세요.

**대표인물: 신사임당**

#외유내강 #배려 #성실 #눈치빠름 #센스 #절친 #수호자형

# ESTJ

## 합리적인 성과관리자

외향, 감각, 사고, 판단

- 체계적이고 구체적이며 인력을 조직화하는 것에 탁월합니다.
- 일의 목표를 설정하고 지시하고 이행하며 목적 달성을 매우 중요하게 생각합니다.
- 능수능란하게 일 처리하며 일을 통한 성취에 보람과 즐거움을 느낍니다.
- 규칙과 규율을 지키는 것을 중요하게 생각하며 규범을 잘 따릅니다.
- 과정보다는 성과와 결과를 더 중요하게 생각합니다.
- 추상적인 것보다 명확하고 구체적인 업무를 선호합니다.
- 일에 집중하며 타인의 감정과 상황에 무심해지는 경우가 있습니다.
- 자신에게도 그런 만큼 타인의 감정에도 인색할 때가 있어요.

- 조직 관리가 탁월한 당신은 좋은 리더의 자질이 있어요.

- 혼자 가면 빠르게 갈 수 있지만 함께 가면 더 멀리 갈 수 있어요. 주변 동
  료들과 시너지를 낼 수 있도록 함께해요.

- 전통을 지키며 발전할 수 있도록 변화에 도전하세요.

**대표인물: 이순신**

#엄근진(엄격근엄진지) #지식왕 #성과는_믿고_맡긴다 #FM #질서왕

# ESFJ
## 친절한 배려의 아이콘
### 외향, 감각, 감정, 판단

- 옆에 동료가 도움을 청하기도 전에 알아채고 도움을 줄 때 행복한 당신은 타고난 협력왕입니다.
- 타인을 배려하면서도 업무에 있어서는 고퀄리티를 지향하는 당신은 실용적인 사람입니다.
- 혹시 동료들의 필요를 챙기고 감정을 인지하는 데 너무 많은 에너지를 쓰고 있지 않나요?
- 근거 없는 막연한 정보를 좋아하지 않는 당신은 업무를 할 때도 데이터를 모으는 데 심혈을 기울입니다.
- 여러 경험상 부정적인 비난이나 비판은 결국 누구에게도 득이 되지 않는다고 굳게 믿고 있습니다.
- 동료들과 함께 일하는 환경으로부터 성과가 창출된다고 믿는 당신 덕분에 세상이 아름다워집니다.

- 거절은 거절한다. 거절 받으면 상처받는 쿠크다스 모습이 보여요.

- 당신이 잘 할 수 있는 일에 열중하여 타인에게 좋은 역할 모델이 되어보세요.
- 하지만, 일의 진행을 위해 단호해져야 할 때가 있어요.
- 추진력 모터를 달기 위해, 필요한 결정을 내려야 할 때를 분별해보세요.

**대표인물: 철강왕 앤드류 카네기**

#이성적배려왕 #사교형 #타고난협력자 #동료애뿜뿜

# ISTP
## 객관적인 분석가
### 내향, 감각, 사고, 인식

- '동기=행동', 강한 동기를 큰 성취로 나타냅니다.
- 뛰어난 관찰력으로 평소 업무에 도움이 될 실용적인 정보들을 잘 수집합니다.
- 위기 상황 적응력이 높고, 돌발상황 시 대응도 유연합니다.
- 남들에게 피드백을 받는 것도, 피드백을 하는 것도 선호하지 않는 방목형 스타일
- 노력파 100점보다 벼락치기 90점이 더 능률이 있다고 생각하는 주의
- 객관적이고 합리적인 관점을 추구하는 전지적 작가 시점 소유자입니다.
- 사부작사부작 손재주가 뛰어난 만능 재주꾼의 모습도!
- 평소엔 조용하나 좋아하는 사람들과 있을 땐 시끄러운 선택적 투머치 토커

- '근자감'*의 상징

**ISTP** 객관적인 분석가를 위한 Tip

- 함께 공동의 성과를 내야 하는 동료가 있다면, 합을 맞추기 위한 스몰토크, 오늘 해볼까요?
- 때론 타인에 대한 적절한 관심과 협력하기 위한 노력이 필요해요!
- 숨겨진 역량이 많은 당신, 최선의 결과를 달성하기 위해 당신의 능력을 최대한 발휘해보세요.
- 환경 변화에 잘 적응하며 침착하게 대응하는 당신, 업무 환경이 변화할 때 문제해결에 도움을 줄 수 있어요.

**대표인물: 맥가이버**

#마이웨이 #만능 #효율추구 #백과사전

---

＊ 근거 있는 자신감

# ISFP
## 따뜻한 실험가
### 내향, 감각, 감정, 인식

- 평소 타인에게 높은 공감 능력과 감정이입을 하는 편이에요.
- 동료에게 다정하고 온화하다는 평을 듣지만, 속을 알기 어렵다는 애기도 많이 듣습니다.
- 자신의 가치를 타인에게 강요하지 않으며, 자기 능력에 대해서도 겸손합니다.
- 불평과 불만이 생기더라도 싫은 소리는 못 하는 속앓이형
- 규칙과 관습을 따라야 하는 상황에서 스트레스를 받습니다.
- 최강의 집돌, 집순이 나만의 공간이 필요해요. 힘들 땐, 나만의 공간에서 충전합니다.
- 수줍음 뒤에 무언가에 대한 강렬한 심장이 지금도 마구 요동치고 있는 중
- 생각은 많은데 행동까지 이어지기가 어렵습니다. 지금도 생각 중입니다.

- 편안한 분위기에서 능력을 발휘하는 편입니다. 본인의 환경을 최대한 편안하게 세팅해보세요.

- 실행력을 높이기 위한 단계적 체크리스트를 작성해보세요.

- 내 감정과 생각을 참고 누르기보단 때론 명확하고 이성적으로 표현해주세요.

**대표인물: 유재석**

#실험력충만 #탐험가 #수용적 #배려형개인주의

# ESTP
## 추진력 넘치는 모험가
### 외향, 감각, 사고, 인식

- 남들이 '이거 해볼까?'라고 할 때 이미 움직이고 있는 거침없는 실행력
- 자기 경험을 중시하는 경험주의자 직접 경험해야 직성이 풀리는 스타일
- 문제나 돌발상황에 능숙하고 재치 있게 넘어가는 순간 대처 능력!
- 업무나 일상생활 시 기준과 잣대가 엄격한데, 이 기준은 외부가 아닌 스스로가 정한 잣대입니다.
- 일이나 타인을 볼 때 선입견이 적어 마음이 맞으면 누구와도 가까워집니다.
- 본인에 대한 자신감이 높으며, 자신과 타인에게 관대합니다.
- 인생은 HERE & NOW! 지금 이 시점을 가장 중요한 시점으로 여깁니다.

- 유년 시절부터 지금까지 다양한 프로젝트에서 리더가 된 경험이 많습니다.

**ESTP** 추진력 넘치는 모험가를 위한 Tip

- 목표를 장기와 단기로 나누어 체계적으로 세워 실천하려는 노력이 필요합니다.
- 꾸준함을 통해 열매를 맛보는 경험을 해보세요!
- 갈등이나 불안도 때로는 나에게 성숙할 기회가 됩니다
- 타고난 리더형, 리더십이 필요할 때 당신의 가치가 더욱 빛이 납니다.

**대표인물: 맥아더 장군**

#실행력 #현장중심 #승부사 #타고난리더

# ESFP
## 다정다감한 핵인싸
### 외향, 감각, 감정, 인식

- 탕비실을 핫플레이스로 만들어버리는 친화력 최강자
- 낮말도 내가 듣고, 밤말도 내가 듣는다. 모든 일을 알고 있는 사내 정보통
- 일은 결국 사람이 하는 거지! 사람에 대한 높은 관심과 애정
- 흥이 많고 현재를 즐기며 일하기 위해 노력합니다. 재미있게 일해야 능률도 오른다!
- 팀에 새로운 사람이 오면 선입견 없이 반갑게 맞이할 스타일
- 당신은 자신의 즉흥성을 아주 잘 알고 있으며, 만족해합니다.
- 임기응변이 뛰어나고, 사교적인 면을 활용해 타인에게 도움을 잘 요청하고 부탁합니다.
- 그만큼 자기도 도와줍니다. 협력의 힘을 알고 잘 활용할 줄 아는 사람!
- 당신은 이걸 보고 있는 지금도 흥이 납니다.

- 즉흥적인 면을 조절하기 위한 자기 인식 필요해요.

- 진지한 관계, 진지한 상황에 대한 내성을 길러 보아요!

- 일에 대한 피드백과 당신에 대한 비난을 구분하여 받아들여 보아요.

- 장기적인 관점의 계획을 지금 한번 세워 볼까요?

**대표인물: 미켈란젤로**

#인싸중의인싸 #엔터테이너 #우주최강오지랖

# INTJ
## 혁신적인 전략가
### 내향, 직관, 사고, 판단

- 목적 달성을 위해 모든 내외부 자원을 활용할 줄 아는 조직 내 전략가 스타일!
- 높은 통찰력과 직관력으로 탁월한 성과를 창출하길 즐깁니다.
- 지적 수준이 정체되는 것을 경계하며 평소 지식과 정보를 습득하기 위해 노력합니다.
- 강한 호불호와 뚜렷한 주관을 보입니다.
- 강한 호기심으로 익숙한 것보다는 새로운 일에 도전하는 것을 즐깁니다.
- 남의 시선을 신경 쓰기보다 나 자신의 원칙과 가치를 중요하게 생각하는 강한 자기 확신을 가지고 있습니다.
- 일보다 인간관계가 더 어려워… 사람에 관한 관심보다는 일에 집중하는 경향이 있습니다.
- 결단력이 강하고 한번 목표를 세우면 끈기 있게 노력하여 어려

운 상황 속에 더 힘을 냅니다.

• 어떤 사안이나 작품에 대해 다각도로 해석하는 것을 좋아하고 탁월함을 보입니다.

**INTJ** 혁신적인 전략가를 위한 Tip

- 체계적이지 않은 환경 속에서 어려울 땐, 스스로 체계적인 환경을 구축해보세요. 할 수 있어요.
- 강한 목적 지향성은 자칫 틀린 방향으로 갈 수 있어요. 나를 점검하고 전체 최적화를 위해 노력해요.
- 타인의 의견을 수용하고 이해하기 위한 이타적 관점을 갖는 노력이 필요해요.
- 평소 합리적이고 논리적으로 접근하기 때문에 차갑다고 비춰질 수 있어요. 때에 따라 쿠션어를 사용해주세요.

**대표인물: 일론 머스크**

#합리적 #전문성 #일중심 #성과지향 #과학자

# INTP
## 논리적인 아이디어 뱅크
### 내향, 직관, 사고, 인식

- 회의가 아닌 자리에서도 아이디어를 발산하는 조직 내 아이디어 뱅크

- 주어진 계획을 그대로 수행하는 것보다 즉흥적 활동을 통해 역량을 발휘합니다.

- 간혹 계획을 짜기도 하지만 즉흥적인 행동에서 창의적인 아이디어가 나오는 것을 즐깁니다.

- 브레인스토밍을 좋아하고 잘합니다. 회의에서도 이야기할 수 있는 분위기를 만든다면 통찰력 있는 아이디어를 제시합니다.

- 본래 감정 기복이 적은 편이며, 웬만한 일에는 상처도 별로 안 받습니다.

- 개발하고 학습하고 발산하는 것이 인간관계보다 더 쉽고 의미 있습니다.

- 새로운 정보와 기존의 관점의 논리적 연계성을 고려하느라 정

보를 분석할 시간이 필요합니다.

- 침묵하는 것은 할 말이 없다는 것이 아니라 계속해서 머리를 쓰는 중이에요.

- 독창성과 효율성에 대해 큰 가치를 둡니다.

**INTP** 논리적인 아이디어 뱅크를 위한 Tip

- 자신의 즉흥성을 통제하기 위한 몇 가지 수칙을 설정해보세요.
- 여러분의 다양한 아이디어와 생각을 잘 정리해두세요. 필요할 때가 있을 거예요.
- 생각을 정리하는 데에 시간이 필요하다면, 미리 회의 안건을 공유받거나 시간을 요청해보세요.

**대표인물: 아인슈타인**

#마이웨이 #논리적 #독창성 #유니크

# ENTP
## 매력 넘치는 팔방미인
외향, 직관, 사고, 인식

- 인싸같지만 사실은 고독을 즐기는 인싸중의 아싸
- 외향형이지만 외향형 중엔 가장 내향적인 스타일
- 나의 취향과 호불호는 확실하지만 남의 취향 또한 존중하는 개 취존중주의
- 대놓고 리더는 아니지만 필요하다면 리더의 역할 쌉가능
- 새로운 업무, 새로운 환경, 새로운 사람 너무 짜릿해.
- '이것도 할 줄 알아?'라는 말을 자주듣는 만능 재주꾼
- 본인을 논리적, 합리적이라고 생각하지만, 본인의 논리가 틀렸을 때는 깔끔하게 인정하고 사과하는 편!
- 지적인 토론이나 논쟁을 통해 배워가는 과정을 즐깁니다.
- '왜? 왜 그렇죠? 왜 그렇게 생각하시죠?'라는 질문을 즐기지만, 그것은 비꼬는 것이 아니라 진짜로 궁금한 것입니다.

- 본인이 관심 없는 분야에 관한 관심이 없고 학습이 느리기 때문에, 스스로 동기를 만들어주는 노력이 필요해요.

- 논쟁과 토론은 감정을 상하게 하려는 목적이 아닌 만큼, 조금 유의해서 어투와 단어를 선택해요.

- 여러분의 논리가 상대방에게 감정적으로 느껴지지 않도록 필터링이 필요합니다.

- 시작할 때의 에너지의 반만큼이라도 들여서 마무리한다면 놀라운 성과가 나타날 거예요.

**대표인물: 장영실**

#창의적논쟁자 #다재다능 #호불호 #개취존중

# ENTJ
## 사교적인 전략가
외향, 직관, 사고, 판단

---

- 고구마보다 단호박, 답답한 상황은 거절한다. 단호하게 밀고 나가는 강한 판단력
- 나는 생각한다, 그러므로 존재한다. 감성보다 이성적 판단을 중시하는 이성주의
- 업무를 진행하면서 가장 효율적인 최단 루트가 머릿속에 그려집니다.
- 일의 성취와 도전에서 삶의 가치와 의미를 느끼는 성과지향 스타일
- 일 중독은 일 중독인데… 내 일은 내 일이고, 네 일은 네 일이야. 각자도생 마이웨이
- 평소 빈틈을 보이는 것을 매우 싫어하지만, 친한 사람들 앞에서는 빈틈투성이 허당
- 당근보단 채찍질을 애용하는 프로 채찍러

• 사람을 좋아해서 두루두루 넓은 관계지만, 깊이는 글쎄?

**ENTJ** 사교적인 전략가를 위한 Tip

- 당신은 넘치는 카리스마와 자신감으로 무장한 타고난 리더형
- 본인의 기준에 합하지 않는 타인을 어떻게 대하고 있는지 객관적으로 살펴보아요.
- 일상적인 업무에서 동기부여가 안 될 경우, 업무 조정을 요청해보세요.
  그래도 어느 업무든지 반복적인 업무가 있음을 기억해주세요.
- 타인이나 상황에 대한 빠른 판단이 오히려 일의 가능성을 차단할 수도
  있음을 아는 것이 필요해요.

**대표인물: 스티브 잡스**

#마이웨이 #단호박 #각자도생 #공감보단솔루션

# INFJ
## 현실적인 이상주의자
내향, 직관, 감정, 판단

- 따뜻함 속에 단단함, 단호한 결단력과 실행력의 소유자
- 표현을 안 해서 그렇지 속은 그 누구보다 따뜻한 스타일
- 타인이 불공평하거나 어려움을 겪는 모습을 볼 때 가만 있기 어렵습니다.
- 본인의 기준에서 옳은 것과 옳지 않은 것의 구분이 확실합니다.
- 이상적인 것을 꿈꾸지만 몽상가는 아니며, 목표를 실현하기 위해 노력합니다.
- 좋은 것에서 안주하지 않고 더 나아갈 개선점을 찾습니다.
- 완벽주의라고 하기엔 1% 정도 살짝 모자란 인간미의 소유자
- 생각이 많은 만큼 아이디어도 넘치는 아이디어 뱅크
- 출처 없이 떠도는 말은 신뢰하지 않으며 근거 있는 대화를 선호합니다.

- 추구하는 이상을 구현하기 위해 실행력을 더하고 혼자 하기보다 동료들과 나누어보세요.

- 자신의 이상과 지금의 현실에 대한 괴리감을 크게 느낄 수 있어요. 비전 실현을 위한 일상 속 할 일 목록을 작성해보세요.

- 자기 일에 책임감이 강한 만큼, 번아웃의 가능성이 있어요. 컨디션 관리, 적절한 휴식도 필요합니다.

- 혼자 고민하기보다 도움이 필요할 때는 주변 동료들에게 요청합니다.

**대표인물: 넬슨 만델라**

#감수성 #공감 #인간미 #이상주의 #정신적지주

# INFP
## 사려 깊은 평화주의자
### 내향, 직관, 감정, 인식

- 갈등과 경쟁의 상황은 조화롭게! 분쟁을 싫어하는 피스메이커
- 창의력, 상상력을 발휘하여 긍정적이고 더 나은 조직을 만들기 위해 노력하는 이상주의자
- 완벽하지 않을 거면 아예 시작하지 않는 게 낫다고 생각하는 당신은 게으른 완벽주의자
- 본인과 스타일이 다른 사람에 대한 파악이 빠르며, 다수보다 소수에서 매력 발산!
- 표현은 담담하지만, 속에서는 천둥·번개가 치는 포커페이스
- 혼자 있는 것 좋아하는데 외로운 건 싫습니다.
- 대체로 관대하고 이해심이 많지만, 본인만의 기준이 확고
- 보편적, 일반적, 반복적인 것에 대한 본능적인 거부감. 나만의 방식을 고수하는 승부사
- 누가 간섭하지 않으면 제시간에 알아서 잘 착착 해낼 스타일

- 자기 생각을 실용적으로 다듬고 공유할 때 타인의 수용성도 올라갑니다.

- 과제나 일을 수행할 때 마감 직전에 하기보다 여유를 갖고 수행합니다.

- 시작하면 끝을 보는 당신, 탁월함을 구현할 강한 실행력이 필요해요.

**대표인물: 잔다르크**

#진실과성실 #선한영향력 #냉철한이상주의 #게으른완벽주의자

# ENFP
## 재기발랄한 에너자이저
외향, 직관, 감정, 인식

- 타인에 대한 기본적인 관심이 높으며 사람들을 잘 다루고 통찰력이 뛰어나 팀에서 감초 역할을 톡톡히 합니다!
- 좋아하고 흥미 있는 것에는 열정적이지만 관심 없는 건 노관심, 강한 호불호
- 어떻게 해야 저 사람을 즐겁게 만들 수 있는지를 아는 사람!
- 주변 사람들에게 좋은 영향을 주고 도움이 되는 일에 관심이 많아요.
- 눈치가 정말 빠른 편인데, 눈치 없는 척도 잘합니다.
- 사회적인 틀, 전통을 따라야 하는 것에 답답함을 느끼며 자율성을 추구합니다.
- 작은 일에도 감정의 기복이 심한 편이지만, 기분 나쁘지 않은 척하느라 에너지가 많이 쓰입니다.
- 인생을 즐겁게, 일도 즐겁게! 한 번 있는 인생 멋지게 살아야지.

- 창의적 가능성이 보이면 즉흥적으로 일을 시작하지만, 일상적이고 반복적인 업무는 GG
- 내가 산만해 보이는 것은 산만해서가 아니라 관심 가는 게 많은 거야!

**ENFP** 재기발랄한 에너자이저를 위한 Tip

- 새롭게 도전하고 창의성을 발휘할 수 있는 다양한 업무에 도전해보세요.
- 하기 싫은 것에 대한 인내력이 부족하므로, 본인의 업무의 비중을 잘 조절하는 것이 필요합니다.
- 뛰어난 멀티태스킹 능력에 완성도를 더한다면 탁월한 역량은 물론, 놀라운 성과도 이룰 수 있어요!

**대표인물: 월트 디즈니**

#자유로운_사고의_소유자 #열정맨 #단_새로운_것에_한정

# ENFJ
## 온화한 상생협력자
외향, 직관, 감정, 판단

- 타인과 함께할 때 어떻게 대하고 어떻게 말해야 할지를 본능적으로 아는 스타일
- 호기심이 많고, 관심사가 다양한 당신은 회사에서도 인싸의 자리를 놓치지 않아요.
- 타인의 성장을 돕는 데에서 큰 만족감을 느끼는 당신!
- 더 나은 세상을 만들어가는 데 필요한 눈치, 센스를 이미 당신은 보유하고 있어요.
- 많은 사람을 신뢰하고 많은 신뢰를 받는 당신은 신뢰형
- 일을 진행하면서 계획을 세워야 마음이 편하죠. (그런데 계획이 망가지는 것을 보는 당신의 마음은 와장창…)
- 정이 많아 주변 사람과 조화되는 것을 즐기고, 외교적입니다! (그만큼 타인의 감정에 신경을 많이 쓰고 상처 받는 당신의 마음 역시 쿠크다스)

**ENFJ** 온화한 상생협력자를 위한 Tip

- 사람보다 사실에 집중해야 할 때가 있어요! 일을 하다가도 사람으로 인해 식어버린 적 있진 않나요?

- 한 개인이 싫은 것과 조직이 싫은 것을 분리하여 생각해야 해요.

- 사람을 이상화하지 않고, 상대방을 있는 그대로 인정해주세요! 그 사람만의 이유와 상황이 있다는 것을 알면 많은 것이 보여요.

- 동료의 문제와 자신의 감정을 분리하여 생각하는 노력이 객관성을 유지하는 데 도움이 됩니다.

**대표인물: 세종대왕**

#협상은_나의_것 #문어발ST관심사 #계획이_반이다

# MBTI 진단에 대하여

최근 MBTI의 인기와 함께 수많은 진단 도구가 활용되고 있다. 최초 MBTI가 개발되었을 때 학술적 목적으로 개발되지는 않았지만, 오랜 연구를 통해 나름대로의 타당도와 신뢰도를 확보하고 있다. 그래서 본 장에서는 MBTI 진단지에 대해 소개하고, 그 활용 방안을 설명하고자 한다.

## 1. MBTI® Form M 자가 채점용: 유료, 검증된 검사 도구®

- 국내 MBTI 전문 기관인 ㈜어세스타에서 제공하는 MBTI 진단 도구
- 검사지, 답안지, 프로파일이 일체형으로 구성되어 있으며 검사를 실시한 후에 결과를 바로 확인할 수 있는 자가 채점용 검사임
- 총 93문항이며 글로벌 기준에 맞추어 유형 해석 지문을 최소화
- 인터넷(www.career4u.net)으로 구매 가능하며, 가격은 6,800원
- 신뢰도와 타당도가 높은 공식 진단 도구

## 2. 16가지 성격 유형: 무료 인터넷 검사

- 영국의 NERIS Analytics 사가 제공하는 무료 검사
- 총 60문항이며, 인터넷 사이트(https://www.16personalities.com/ko)
  에서 검사 및 결과 확인
- 한국어 번역도 잘 되어 있고, 검사 후 유형 해석도 자세한 편임
- MBTI가 배경으로 삼는 칼 융(Carl G. Jung)의 심리학이 아니라 이를 재
  작업한 '빅5(인간의 성격 특성을 5가지 요인으로 설명하는 모형)'를 기
  반으로 함
- MBTI 정식 진단지와 다른 결과가 나올 수도 있음

## 3. K-MBTI 성격 유형 검사: 무료 인터넷 검사

- 12개의 질문으로 구성된 성격 유형 검사. 약식으로 하는 간단한 검사임
- 각 지표의 선호도를 확실하게 구분해주는 핵심 문항으로 구성
- 인터넷 사이트(https://ktestone.com/kapable.github.io/kbmti/)에서
  간단하게 검사 가능
- 정식 검사에 비해 문항 수가 적어 신뢰도, 타당도가 많이 떨어짐

# MBTI 워크숍 프로그램(예시)

## 1. MBTI 리더십 워크숍

| MBTI 활용 리더십 워크숍 | |
|---|---|
| 학습목표 | 1. MBTI를 활용하여 구성원들의 기질과 업무 성향을 이해하고 조직 내 소통에 적용할 수 있다.<br>2. MBTI리더십 진단을 통해 나의 강점을 인식하고 열등기능 개발 방법을 학습하여 업무에 적용할 수 있다. |
| 대상 | 팀장(또는 과장 이상 중간관리자) 30명 |
| 운영시간 | 5.0 ~ 8.0H |

| 구분 | 세부 내용 | 교수 방법 | 시간 |
|---|---|---|---|
| MBTI의<br>이해 | - 요즘 세대는 왜 MBTI에 열광할까?<br>- MBTI 기본 이해<br>　외향/내향, 감각/직관, 사고/감정, 판단/인식<br>- MBTI 4기질 (SJ, SP, NT ,NF) 이해하기<br>- 회사 내 커뮤니케이션에 MBTI 활용이 필요한 이유 | 강의 | 0.5H |
| MBTI<br>리더십의<br>진단과 활용 | - MBTI와 리더십이 만나면?<br>- 나의 MBTI 리더십 이해<br>　① MBTI리더십 진단<br>　② MBTI 리더십 유형의 특징 이해<br><br>[그룹토의]<br>MBTI 리더십 유형 별 업무 추진 강점과 약점<br><br>- MBTI 리더십의 활용 (열등기능의 활용)<br>　① 나의 MBTI 리더십 유형의 열등 기능 알기<br>　② 열등기능을 개발하는 법<br>　③ 열등기능을 개발하기 위한 Action Plan 만들기 | 강의<br>진단<br>토론<br>발표 | 2.5H |
| MBTI를<br>활용한<br>리더의<br>커뮤니케이션 | - 조직 구성원의 MBTI 기질을 고려한 F.A.C.T. 피드백<br>　MBTI기질별 업무 성향과 선호하는 피드백 유형<br>　F.A.C.T.피드백의 종류와 활용방법<br>[그룹토의]<br>상황 별 F.A.C.T 피드백 롤플레잉과 상호 리뷰 | 강의<br>토론<br>실습 | 2.0H |

# MBTI 워크숍 프로그램(예시)

## 2. MBTI 팔로워십 워크숍

| MBTI 활용 팔로워십 워크숍 | |
|---|---|
| 학습목표 | 1. MBTI를 활용하여 서로의 기질과 업무 성향을 이해하고 조직 내 소통에 적용할 수 있다.<br>2. MBTI 팔로워십 진단을 통해 나의 강점을 알고 업무에 적용할 수 있다. |
| 대상 | 사원~대리급 30명 |
| 운영시간 | 5.0 ~ 8.0H |

| 구분 | 세부 내용 | 교수 방법 | 시간 |
|---|---|---|---|
| MBTI의<br>이해 | - MBTI 기본 이해<br>  외향/내향, 감각/직관, 사고/감정, 판단/인식<br>- MBTI의 개념과 MBTI 4기질(SJ, SP, NT, NF) 이해<br>- 조직에서 요구되는 팔로워십<br>- 회사 내 커뮤니케이션에 MBTI 활용이 필요한 이유 | 강의 | 0.5H |
| MBTI<br>팔로워십의<br>진단과 활용 | - MBTI와 팔로워십이 만나면?<br>- 나의 MBTI 팔로워십 이해<br>  ① 64개 단어 체크리스트를 활용한 MBTI 팔로워십<br>    진단<br>  ② MBTI 팔로워십 유형의 특징 이해<br>- MBTI 팔로워십의 활용<br>  MBTI 팔로워십 4개 유형의 업무적 강점 이해하기<br><br>[그룹토의 및 발표]<br>MBTI 팔로워십의 유형 별 강점을 업무에 활용하는 법 | 강의<br>진단<br>토론<br>발표 | 2.5H |
| MBTI를<br>활용한<br>조직 내<br>커뮤니케이션 | - MBTI기질로 보는 리더의 업무 방식<br>  시간에 따라 MBTI 리더십 진단 활용<br>- 리더의 MBTI 기질에 따른 업무 보고 스킬<br><br>[그룹활동]<br>리더 MBTI기질 별 부고서 만들기 | 강의<br>토론<br>실습 | 2.0H |

## 3. MBTI 커뮤니케이션 특강

| MBTI 커뮤니케이션 | |
|---|---|
| 학습목표 | MBTI 를 활용하여 서로의 기질과 업무 성향을 이해하고 올바르게 소통하여 조직 내 성과향상에 기여할 수 있다. |
| 대상 | 조직 내 구성원(직급 무관) |
| 운영시간 | 2.0H |

| 구분 | 세부 내용 | 교수 방법 | 시간 |
|---|---|---|---|
| MBTI의 이해 | - MZ세대는 왜 MBTI에 열광하는가?<br>- 회사 내 커뮤니케이션에 MBTI 활용이 필요한 이유<br>- 나의 MBTI 자가진단하기<br>  (원고 내 자가진단 문항 활용) | 강의<br>진단 | 0.5H |
| MBTI<br>4기질 별<br>업무적 강점 | - MBTI 기본 이해<br>  외향/내향, 감각/직관, 사고/감정, 판단/인식<br>- MBTI 4기질 (SJ, SP, NT, NF) 이해하기<br>- MBTI 4기질 강점 활용하기<br>  ① 리더십 활용<br>  ② 팔로워십 활용<br>  ③ 경력개발에 활용하기 | 강의<br>토론<br>발표 | 1.0H |
| MBTI를<br>활용한<br>조직 내<br>커뮤니케이션 | - MBTI 4개 기질의 소통 방식 이해하기<br>- 나의 소통방식의 장점과 단점<br>- 원활한 조직 내 소통을 위한 다짐하기 | 강의<br>발표 | 0.5H |

- 굿피드백(2022). 최원설, 주민관 외 8명. 플랜비디자인
- 강점발견(2019). 김봉준, 장영학. 책비
- 나의 모습 나의 얼굴1, 2(1999). 데이비드 커시, 메를린 베이츠. 한국심리검사 연구소
- 당신이 알던 MBTI는 진짜 MBTI가 아니다(2022). 고영재. 인스피레이션
- 무조건 통하는 강점말하기(2022). 이윤경. (주)백도씨
- 성격을 읽는 법(2022). 폴 D. 티저, 바버라 배런-티저. 더난출판사
- 성격을 읽는 심리학(2006). 데이비드 커시, 메를린 베이츠. 행복한마음
- 성격을 팝니다 'MBTI의 탄생과 이상한 역사'(2020). 메르베 엠레 저자. 비잉 (Being)
- 심리유형의 역동과 발달(2009). 케서린 D 마이어스. 어세스타
- 융의심리유형론 열등기능과 감정기능(2014). 폰 프란츠, 제임스 힐먼. 어세스타
- 진정한 나다움의 발견 MBTI(2022). 김성환. 좋은땅
- 한국인 기질검사 Korean Temperament indicator의 개발(2020). 심민보 외 7명, 한국MBTI연구소
- Barbara Kellerman (2012). THE END OF LEADERSHIP. 이진원 옮김.(2012). 리더십의 종말. 씨앤아이북스
- Barbara Kellerman. Followership: How Followers Are Creating Change and Changing Leaders.(2008). 더난출판
- Kreitner, R., & Kinicki, A.(2004). Organizational behavior
- MBTI(R)와 살능관리(2009). 손느라 반센트. 어세스타
- MBTI® Form M 매뉴얼(2013). 이자벨 마이어스. 어세스타
- MBTI의 의미(2020). 박철용. 하움출판사

# 다름보다 아름

**초판 1쇄 인쇄** 2023년 7월 13일
**초판 1쇄 발행** 2023년 7월 23일

**지은이** 최원설, 오하나, 주민관
**펴낸이** 최익성

**기획** 임주성
**편집** 정은아
**마케팅총괄** 임동건
**마케팅지원** 이유림, 윤소연
**경영지원** 임정혁, 이지원
**펴낸곳** 플랜비디자인

**표지 및 일러스트** 정진호(jvisualschool)
**본문 디자인** 박은진

**출판등록** 제2016-000001호
**주소** 경기도 화성시 영천동 283-1 A동 3210호
**전화** 031-8050-0508
**팩스** 02-2179-8994
**이메일** planbdesigncompany@gmail.com

**ISBN** 979-11-6832-064-2 (03320)